동일본대지진과 핵재난 — 와세다 리포트 7

대규모 재해 극복을 위한 자치체 간 연계

현장에서의 보고와 제언

이나쓰구 히로아키 편저
稲継裕昭
정유경 옮김

고려대학교출판부
KOREA UNIVERSITY PRESS

大規模災害に強い自治体間連携: 現場からの報告と提言
稲継裕昭 編著

서문

한신·아와지阪神淡路 대지진 이후, 각지의 시정촌이 정한 지역방재계획은, 자주방재조직을 제일로 여기고, 그 보완조치로서 시정촌 관공서로부터의 공조와 이웃 시정촌 간의 연대 및 시정촌과 현과의 연대를 전면에 내세웠다. 그러나 2011년 3월 11일에 발생한 동일본 대지진으로 인해 정町의 관공서와 시청이 통째로 휩쓸리어 가 버리거나, 지역 커뮤니티 자체가 쓰나미로 인해 사라져 버린 지역도 적지 않다. 지역의 연대만으로는 이러한 초대형급 재해에 도저히 대응할 수 없다는 사실이 명백해졌다.

이러한 상황 아래에서 전국 각지의 소방·경찰과 지자체 직원이 재난지역으로 다수 파견되었다. 본서에서는 지자체, 즉 원격 지자체로부터의 인적 지원의 실태와 지자체 간 연대지원의 과제에 관해서 생각해 보고자 한다.

본서의 집필자는 대부분이 현역 지방공무원이며, 재난지역 지원에 나선 경험자도 적지 않다. 각 장의 구성은 다음과 같다.

제1장에서는 총론적으로 원격 지자체로부터의 인적 지원의 현상과 법적 한계에 관해서 서술하였다. 인재 데이터베이스 구축의 필요성에 대한 제언도 행하였다. 제2장에서는 동일본 대지진 등 지금까지의 대규모 지진재해의 사례로부터 피난소 운영에 관한 과제

를 추출한 뒤에 피난소의 수급 매칭 시스템 구축 등, 보다 나은 피난소 운영을 위해 필요한 장치에 관한 제안을 하였다. 제3장에서는 원격 지자체로부터 파견된 직종에 대해 그 경향을 조사하고 시기에 따른 수요의 변화를 정리하였다. 제4장에서는 동일본 대지진 이후, 고베시가 착수한 계획, 파견사례에 관해 소개하고 한신·아와지 대지진을 경험한 직원 등으로 구성된 '고베시 직원 진재뱅크'에 관해 다룸으로써 전국적인 인재뱅크 시스템 구축의 필요성을 주장하였다. 제5장에서는 재해 시의 의료체제에 관해서 해설하고, 동시에 야오八尾시립병원의 재해의료활동 경험을 통해 재해현장에서의 의료 관계자와 지자체 직원의 사명에 관해서 서술하였다. 제6장은 후쿠이福井현의 사례이다. 동일본 대지진 발생 직후에 재빠르게 지원본부를 설치하고 지원활동에 임한 후쿠이현의 재해대책에 관한 사고방식에 입각하여, 후쿠이현이 행한 독자적인 직원 파견에 관해 고찰하였다. 제7장에서는 간사이광역연합이 행한 지원과 교토부가 행한 인적 지원에 관해 보고하고, 재해지원에는 강력한 자치의 의사결정과 현지의 세밀한 상황에도 답할 수 있는 활동들이 요구된다는 것에 관해 서술하였다. 제8장에서는 기후岐阜현의 동일본 대지진에 관한 인적 지원에 관한 상황을 정리하고, 이번 인적 지원의 성과와 향후의 과제에 관해서 언급하였다.

본서가 향후의 대규모 재해 극복을 위한 지방자치단체 간의 연대 구축을 위해 일조할 수 있기를 바란다.

2012년 4월

이나쓰구 히로아키

차례

제 1 장

광역재해 시 원격 지자체로부터의 인적 지원의 방향성

DMAT의 회의 모습
(이와테 하나마키 공항에서 300명이 넘는 의료진이 회합—2011.3.13, 와타세 준이치로 촬영)

이나쓰구 히로아키稲継裕昭

서론—지역 방재계획과 동일본 대지진

한신·아와지 대지진 이후, 전국의 지자체에서는 지역방재계획을 재고하고자 하는 움직임이 진전되었다. 중점이 되는 요소의 하나는 주민의 자주방재조직 강화와 주민 주도의 커뮤니티 만들기의 필요성에 대한 인식이다. 인식의 배경은 한신·아와지 대지진이 발생하였을 때에 지역 커뮤니티의 연대가 강한 지역의 경우가 그렇지 않은 지역보다 피해가 적었다는 점에서 얻은 교훈에 있다. 이는 지역방재를 생각할 때에 당연시되는 부분으로 자리 잡고 있다.

그러나, 2011년 3월 11일에 발생한 동일본 대지진에서는 정町의 관공서와 시청 자체가 파괴되거나 쓰나미로 떠내려가 버리는 경우가 발생하였다. 지역 공동체 자체가 쓰나미로 인해 사라진 지역도 적지 않다. 지역의 연대만으로는 이러한 초대형 재해에 대응할 수 없다는 것이 명백해졌다.

종래의 시정촌 단위의 지역방재계획은 자주방재조직을 제일로 여기고, 시정촌 관공소로부터의 공조를 보완장치로 두었다. 그리고 이웃하고 있는 시정촌 간의 연대와 시정촌과 현과의 연대를 전면에 내세워 왔다. 그러나 이번 지진재해에서는 이와테岩手현, 미야기宮城현, 후쿠시마福島현의 연안부가 모조리 파괴되는 지진과 쓰나미 피해를 입게 되어 이웃하고 있는 시정촌이 모두 사라져 버린 지역이 많다. 근린 지자체와 현이 연대할 수 없는 상황에 빠진 것이다.

이러한 상황 아래에서 이재민을 지원하기 위해 전국 각지로부터 소방관과 경찰, 지자체 직원이 재난지역으로 파견되었다. 각각의 지역에 평상시의 업무에 지장이 없는 범위에서 파견의 형태를 띠게 되어, 자위대와 같이 부대 전체를 투입하는 것은 아니지만, 그래도 상당히 많은 수의 인원에 달하였다. 본 장에서는 지자체, 즉 원격 지자체로부터의 인적 지원의 실태와 지자체 간 연대지원의 과제에 관해서 생각해 보기로 하겠다.

1. 원격 지자체로부터의 인적 지원

도호쿠東北 지방에서 멀리 떨어진 후쿠이福井현은 3월 11일 15시에 제1회 대책회의를 열고 현 내의 재해 상황 파악을 최우선으로 하고 있다가, 16시30분부터 열린 제2회 대책회의에서는 재해파견요청에 대비하여 소방·방재 헬리콥터, 재해파견의료팀(이하, DMAT라고 표기)이 출동태세의 준비에 들어갔다. 그리고 당일에 다수의 현직원과 DMAT, 현경県警 광역긴급구조대 등을 재난지역으로 보냈다.

교토부京都府로부터도 3월11일에 긴급소방원조대 50대 200명, 부경府警 광역긴급구조대 150명, DMAT는 8병원 8팀의 42명 등이 재난지역을 향하여 출발하였다.

간사이의 각 부현은 간사이광역연합을 2010년에 결성하였고, 3월 13일에 긴급 개최된 광역연합위원회에서 긴급성명을 발표하고 일대일대응 방식으로 지원을 시작하였다. 후쿠시마현은 교토부와 시가滋賀현, 이와테현은 오사카부와 와카야마和歌山현, 미야기현은 효고兵庫현·도쿠시마德島현·돗토리鳥取현과 같이 담당지역을 분담하여 지원하기로 정하였다.

간사이광역연합의 시도는 그 외의 부분에서도 눈에 띈다. 종래 직원이 지원을 하는 기본적인 패턴은 재난지역의 지자체 내에서 필요사항을 조사하여 중앙정부와 현, 타 지자체에 도움을 요청하는 방식이었다. 그러나 재해를 입은 지자체는 (지자체 자체가 파멸적인 타격을 입은 것에 관계 없이) 중앙정부의 각 기관과 NPO, 자원봉사자, 매스미디어 등의 대응에 쫓기는 것이 상식이다. 그래서 간사이광역연합은 각각의 재난지역의 현에 현지 연락사무소를 설치하여 재난지역의 필요사항을 파악하고 대응하는 업무를 보조하고 조정하는 장치도 만들었다.

또한 3월 29일에 이루어진 광역연합위원회의 '긴급제안'의 내용 중에는 〈일본판 대구対口지원 조직만들기〉로서 다음과 같은 제언의

내용을 담고 있다.[1]

> 이번 사태에 간사이광역연합은 구성단체에 주요 지원처를 할당하여, 현지에 연락요원과 피난소 지원을 위한 직원을 파견하여 인적, 물자 등을 지원하였다.
>
> 재난지역에서는 종합행정을 담당하는 지자체가 필요로 하는 사항을 파악함으로써 보다 효율적인 지원이 가능하다는 점을 감안하여, 재난을 입지 않은 지자체에 지원할 지자체를 할당하여 책임을 가지고 일대일로 지원하는 '일본판 대구對口지원'의 조직을 만들 것을 제안한다(Ⅰ-1-③ 〈일본판 대구對口지원 조직만들기〉).

이와 같이 몇백 킬로미터나 떨어진 서일본 각 지역 지자체로부터 도호쿠 재난지역으로 지자체 직원이 신속하게 파견되었다. 그 후에도 기술계 직원(토목, 도로, 하수)의 파견, 지자체 창구 담당직원의 파견도 이루어졌다(본서에서는 그중 몇몇 현과 시의 사례를 수록하였다).

2011년 7월 1일(재해 발생으로부터 3개월 20일 경과 후)까지 재난지역으로 파견된 지방공무원의 누적인원 수는 56,923명이었다〔일반직 지방공무원(경찰, 소방을 제외)이며, 소속 지자체의 명령에 따라 공무를 수행하기 위해 파견된 사람의 실제 수치[2]〕.

---

1 http://www.kouiki-kansai.jp/data_upload/1301632104.pdf
대구지원(페어링 지원)에 관해서는 본장 4절 1의 별지 참조.

2 총무성 자치행정국 공무원부(2011)〈동일본 대지진에 의한 재난지역으로의 지방공무원의 파견상황조사(2011년 7월1일 시점)〉 http://www.soumu.go.jp/main_content/000125227.pdf

도도부현으로부터 20,470명, 정령지정도시로부터 10,163명, 그 외의 시구정촌에서 26,290명이 재난지역으로 파견되었다. 일본의 지자체 직원 전체 수(281만 명[3]) 중, 경찰·소방을 제외하면 약 240만 명이 되는데, 그중에서 약 40명에 1명은 재난지역으로 파견된 것이 된다. 또 그 누적인수는 2011년 10월 1일 현재, 73,802명으로 집계되었으며, 약 30명 중 1명의 지자체 직원이 재난지역 파견을 경험하였다.[4] 실제 본서의 각 장을 분담하고 있는 지자체 직원 중에서 4명은 파견을 경험하였다.[5]

재해 발생 직후로부터 6개월에 걸쳐서는 피난소를 지원하기 위한 사람의 수가 많았으나, 그 후에는 건축과 토목 관련의 장기파견이 증가하였다. 10월 1일 현재에도 1,211명이 파견 중에 있다.[6]

이렇게 원격지를 시작으로 타 지자체로부터의 재난지역에 대한 인적 지원은 상당수 행해지고 있다.

2. 동일본 대지진의 특수성과 바람직한 지원 방법

이상에서 본 것과 같이, 전국의 지자체 직원 30명 중 한 명이 파견

---

3 총무성(2010), 《지방공무원급여 실태조사 2010년 4월 1일 현재》.

4 총무성 자치행정국 공무원부(2011), 〈동일본 대지진에 의한 재난지역으로의 지방공무원의 파견상황조사(2011년 10월 1일 시점)〉. http://soumu.go.jp/main_content/000136485.pdf

5 본서 집필자들을 중심으로 한 연구회는 '행정의 외연'을 테마로 하여 지진재해 이전부터 계속되고 있으며, 우연히 그중 4명이 파견을 경험하였다. 파견자를 선택하여 본서의 집필자를 정한 것은 아니나, 높은 확률로 인적 지원요원이 되었다.

6 이 즈음에는 피난소에 대한 지원이 감소하는 한편, 건축과 토목관련 직원의 장기파견이 증가하였다.

표 1-1. 재난지역에 파견된 지방공무원의 누적인원 수

(단위: 명)

파견 공급원	파견처 · 인원									
	이와테현 내		미야기현 내		후쿠시마현 내		그 외		합계	
	누적 인원	현재 파견인원	누적인원	현재 파견인원	누적인원	현재 파견인원	누적인원	현재 파견인원	누적인원	현재 파견인원
도도부현	4,191	176	10.216	580	5,267	174	796	0	20,470	930
정령지정도시	2,876	95	6,426	238	729	20	132	0	10,163	353
시구정촌	7,929	230	13,653	699	3,995	210	713	38	26,290	1,177
합계	14,996	501	30,295	1,517	9,991	404	1,641	38	56,923	2,460

1. 파견 공급처 도도부현에는 이와테현, 미야기현 및 후쿠시마현은 포함되어 있지 않다.
2. 파견 공급처 시구정촌에는 이와테현, 미야기현 및 후쿠시마현 내의 시정촌은 포함되어 있지 않다.
3. 파견 공급처의 '그 외'는 아오모리현 내, 이바라키현 내 및 지바현 내의 합계이다.

*주: 현재 파견인원 수는 2011년 7월 1일 시점에서 파견 중인 인원 수(누적인원 수의 내수)
*출처: 총무성 자치행정국 공무원부(2011), 〈동일본 대지진에 따른 재난지역으로의 지방공무원의 파견상황조사(2011년 7월 1일 시점)〉. www.soumu.go.jp/main_content/000125227.pdf

되는 등, 재난지역으로의 인적 지원은 상당한 수에 이르렀다. 그러나 그것만으로는 충분하지 않을 정도로 이번 대지진은 대규모의 재난이었다.

동일본 대지진과 한신·아와지 대지진을 비교할 경우, 광역성의 면에서 커다란 차이가 있다.

사망자와 행방불명자가 6,500명인 한신·아와지 대지진에 비해 동일본 대지진은 약 2만 명의 인적 피해가 발생해 약 3배에 달하며, 재해를 입은 면적도 자릿수가 틀릴 정도로 광대하다. 재해구조법의 적용을 받은 재난지역의 시정촌 수는 한신·아와지 대지진의 경우에는 25곳이었으나, 동일본 대지진에서는 240여 곳으로 약 10배이며, 재해를 입은 면적도 약 10배에 달하였다.

또 관공서가 그 기능을 잃은 시정촌도 적지 않다. 14곳의 시정촌의 관공서 청사가 파손되는 피해를 입었다. 행정직원이 사망한 지자체도 적지 않다. 재해를 입은 3현에서 공무 중에 사망하거나 행방불명된 사람은 330명에 달한다(《요미우리신문》 2011.6.14 석간).

오쓰치大槌초에서는 정장町長을 포함한 38명이 희생되고, 리쿠젠타카다陸前高田시에서는 290명 정도의 직원 중 방재대책실장을 비롯하여 68명이 희생되었다. 비상근 소방단의 직원 등을 합하면 희생자 수는 100명을 넘는다. 복구와 부흥의 선두에 서야 할 관공서가 기능마비 상태에 빠진 것이다.

이러한 재난지역에 대해 전국 각지의 지자체로부터의 인적 지원은 불가결하였다. 그중에는 제1절에서 다룬 것과 같은 원격 지자체로부터의 지원도 적지 않다. 단지, 재난지역의 실태를 보면, 긴급소방원조대는 별개로 치더라고 다른 분야의 지자체 직원의 파견 조정은 제대로 이루어졌다고 보기 어렵다. 특정 지역에는 대량의 지원요원과 지원물자가 집중되었으나, 타 지역에는 지원요원이 전혀 충족되지 못하고 지원물자가 부족한 지역도 있었다. 교통편(도로가 통하는 곳이 지원이 집중되었다)과 매스미디어에의 노출 정도(피해 정도에 관해 텔레비전에서 보도되는 횟수가 많을수록 지원이 집중되었다) 등에 따라, 지원은 균등하게 이루어지지 못하였다. 도로가 통제되어 취재단이 들어갈 수 없는 지역에서는 그 피해의 실태도 보도되지 않았으며, 지원요원이 들어가는 것조차도 어려웠다. 더욱이, 후쿠시마 제1원전에 가까운 지자체에 대해서는 (그것이 피난구역이 아닌데도 불구하고) 지원의 손길이 닿기 어려웠다. 인적 지원에 있어서도 미나미소마南相馬시 등으로의 파견신청은 적었고, 지원물자를 운반하는 운송업자도 시내까지는 운반해 주지 않아서 후쿠시마시나 고리야마郡山시까지 미나미소마시의 직원이 지원물자를 받으러 가야 하는 상황에 봉착하였다.[7]

정말 도움이 필요한 곳에 지원을 하지 못하는 상태, 이른바 지원 공백지역이 여기저기에 나타나는 상황이 생겨났다.

본래는 각 지역에 두루두루 동등하게 지원의 손길을 내미는 것이 바람직하나, 이번 대지진은 그렇지 않고 지원물자와 지원요원이 넘쳐나서 처리하는 데에 어려움을 겪은 지자체가 나오는 한편, 지원공백지역도 여러 곳에 존재하였다.

왜 이렇게 체계적이지 못한 지원체제가 된 것인가?

3. 인적 지원체제—현행법 아래에서 행해진 것

앞에서도 다룬 것처럼 재난지역의 지자체 중에는 괴멸적인 피해를 입고, 관공서로서의 기능을 반 이상 소실한 곳도 있다. 관공서로서의 기능이 남아 있는 재난지역의 지자체에서도 교대 요원이 없는 채, 피난소 운영을 비롯하여 아주 방대한 비일상적인 피해 대응 업무로 인하여 휴일을 반납한 채 일에 열중하고 있었다. 또, 초기 대응 이후, 재난지역의 지자체에서는 피해조사, 이재증명서의 발행, 그에 따른 이재가옥의 전반괴 확인, 부서진 기왓장 철거, 급부금과

7 미나미소마시 시장 사쿠라이 가쓰노부桜井勝延 인터뷰. 2011년 11월 14일, 미나미소마시 시청에서.

기부금 교부, 가설주택의 건설과 부흥계획의 작성 등, 아찔할 정도로 많은 업무를 안고 있다.

시정촌 행정을 담당할 인재가 압도적으로 부족하기도 하다. 따라서 재난지역의 지자체 직원에게 도움을 줄 수 있도록 재난지역의 지자체를 지원하기 위해 다른 지자체로부터의 지원이 필요하다. 그러나 재해대책기본법에는 그러한 지원을 포괄적이고 신속하게 행할 수 있는 규정은 없다.[8]

이번 대지진 발생 이후 원격지 등에서 지자체 직원을 파견된 형태가 몇 가지 있었다. 재해 시 상호지원협정에 준하는 것, 자매도시 등 우호도시간의 지원에 준하는 것, 그러한 협정은 없으나 자발적으로 다른 지자체를 지원하는 것, 총무성, 전국지사회, 전국시장회 등으로부터의 요청에 응해 직원을 파견하는 것 등이다.

1) 재해 시 상호지원협정 등에 준하는 것

예를 들면, 중핵시의 41개의 시는 '중핵시中核市 재해 시 상호 지원에 관한 협정'을 체결하여 그에 준하여 이와키시 등에 대해, 다른 중핵시로부터 여러 가지 지원이 이루어졌다.

---

8 재해대책기본법 제5조 2에서는 (지방 공공단체 상호 간의 협력)으로서, '지방공공단체는 제4조 제1항 및 전조 제1항에서 규정하는 책무를 충분히 다하기 위해 필요시에는 상호 간에 협력하도록 힘써야 한다'라고 추상적인 규정을 두고 있으며, 또 제29조에서 파견요청, 제30조에서 파견 알선, 등의 모든 규정을 두고는 있으나, 파견요청 → 알선요청 → 알선 → 파견 지자체의 결정 → 직원파견이라는 오랜 과정을 거칠 필요가 있다.

중핵시 재해 시 상호 지원에 관한 협정

지원의 종류

제1조: 지원의 종류는 다음과 같다.

(1) 식량, 음료수 및 생활필수물자 및 그 공급에 필요한 기자재의 제공

(2) 이재민의 구출, 의료, 방역, 시설의 응급복구 등에 필요한 기자재 및 물자의 제공

(3) 구원 및 구조활동에 필요한 차량 등의 제공

(4) 구조 및 응급복구에 필요한 직원의 파견

(5) 그 외, 특별히 요청이 있었던 사항

지원요청의 절차

제2조: 지원의 종류는 다음과 같다.

지원을 요청하려는 재난지역의 시는 다음의 사항을 명확히 하고, 제5조에서 정하는 연락담당부국을 통하여, 전화 또는 전신으로 응원을 요청한다. 이 경우에 재해를 입은 시는 필요사항을 기재한 문서를 후일, 신속하게 협정 시에 송부해야 한다.

(1) 피해의 상황

(2) 전 조 제1호에서 제3호까지 열거한 지원을 요청할 경우에는 물자 등의 품명, 수량 등

(3) 전 조 제4호에 열거한 지원을 요청할 경우에는 직원의 직종 및 인원, 업무내용

(4) 지원장소 및 지원장소로의 경로

(5) 지원의 기간

(6) 전 각 호에 든 것 외, 필요한 사항

지원의 실시

제3조:

지원을 요청받은 협력 시는 법령 및 그 외 특별히 정하는 것이 있는 경우를 제외하고, 그 외에는 최대한 이에 응하여 지원활동에 힘써야 할 것이다. 막대한 재해가 발생하고 통신이 끊기는 등으로 인해 재난지역의 시와 연락을 취할 수 없는 경우에는 재난지역의 시 이외의 협정 시 상호 간에 연락 및 조정하여, 자주적으로 지원활동을 행할 수 있다.

2) 자매도시 등에 준하는 것

재해 시 상호지원협정을 맺고 있지 않지만, 여러 종류의 인연을 계기로 일대일의 지자체 간의 인적 지원을 하는 경우도 볼 수 있었다. 대표적인 예로 자매도시 관계에 의한 것이 있다. 도쿄도 메구로구와 미야기현 게센누마気仙沼시는 매년 '메구로 꽁치 마쓰리'에 꽁치를 제공하고 있던 것을 인연으로, 2010년 자매도시협정을 체결하였다. 이 인연으로 메구로구는 6-10명의 직원을 일주일 간 교대로 게센누마시에 파견하였다.[9] 홋카이도 다테伊達시는 미야기현 야먀모토초와 와타리초亘理町 등과 '후루사토 자매도시'인 것을 인연으로, 재해 3일 후에 자매도시 지원실을 개설하였다. 현지와 연락을 취하며, 상황을 확인한 후에 피해가 심각한 야마모토초를 우선적으로 지원하기로 정했다. 후쿠시마현 미나미소마시와 상호원조협정을 맺고 있는 동경도 스기나미구는 협정을 맺고 있는 또 다른

9 《아사히신문》 2011년 11월 12일자.

도시인 홋카이도 나요로名寄시 등과 함께 미나미소마시를 지원하기 위한 '지자체 스크럼 지원회의'를 설치하였다.[10] 그리고 군마현 히가시아가쓰마초東吾妻町에 있는 구 구립보양시설을 비롯한 다수의 숙박시설을 확보한 뒤에, 3월 16일에는 미나미소마시로부터 피난민 200명 정도를 태운 버스를 히가시아가쓰마초로 보냈다. 이와 같이 재난지역 지자체와 자매도시 관계에 있는 전국의 지자체로부터 지원을 받는 경우를 많이 볼 수 있었다.

시정촌은 주민의 가장 가까이에서 행정을 담당하고 있다. 그만큼 중앙정부의 직원이나 도도부현 직원이 신경쓰지 못하는 세심한 지원도 가능하기 때문에 재해를 입은 시정촌에 다른 시정촌 직원을 파견하는 것은 실제적으로 효과적인 것이었다.

3) 지사회·시장회에 의한 알선

총무성은 3월 12일에 자치행정국 내에 재난지역 지자체의 행정집행을 지원하기 위한 '시정촌 행정기능 서포트 창구'를 설치하였는데, 전국지사회에서도 재난지역의 지자체로부터의 요청에 관한 정보를 중앙정부에 제공하고 동시에 도도부현에 대한 지원을 모집하였다. 전국시장회도 지원을 요청한 도시와 현시장회와 지원을 신청한 도시와 현시장회와의 인적 지원, 물적 지원에 관한 정보의 중재자 역할을 하는 '긴급 재해지원 게시판'을 시장회의 홈페이지 내에 개설하였다. 3월 22일에는 총무성이 중심이 되어, 전국의 시정촌으

10 《홋카이도신문》 2011년 4월 27일자.

로부터 단기적인 인적 지원에 관한 장치를 구축하기에 이르렀다. 재해를 입은 현이 각 시정촌의 요청내용을 수합하여 총무성에 연락을 하게 된다. 그리고 총무성은 전국 시장회, 전국 정촌회를 조정자 역할로 하고, 파견을 신청한 지자체와의 매칭하는 것이다.

4. 인적 지원체제—현행법 아래에서 지원의 한계와 향후 과제

재난지역의 지자체로의 직원파견은 여러 가지 패턴으로 이루어졌다. 하지만 이번에 취해진 조치에는 몇 가지 과제도 남아 있다. 본 장에서는 그중에서 1) 균등하지 못한 지원 문제, 2) 파견된 직원의 직종이나 전문기능이 재난지역에서 요구하는 전문성과 맞지 않는 문제에 관해서 생각해 보고자 한다.

1) 균등하지 못한 지원, 대구対口지원, 지자체 강제할당의 가능성

일본학술회의(동일본 대지진 대책위원회)에서는 3월 25일에 '동일본 대지진에 대응하는 제1차 긴급제언'을 발표하였다. 그 내용 중에는 다음의 일대일pairring 지원(별지 참조)에 관한 제언이 있다.

이번 대지진에 대해 종래의 중앙정부 또는 현재의 행정만의 대책·체제로는 단기의 규제지원에서 재해부흥까지 광범히 하고 지속적인 협력·제휴 항목에 대응할 수 없다. 중앙정부의 종합적인 지원 정책을 추진함과 동시에 특히, 지자체 간의 수평적 연대의 사고에 서서 일대일 지원을 강구하여 정말로 필요시 되는 개별의 구체적인 행동 아이템을 쌍방이 협의하여 진전시키는 것을 기대할 수 있다. 그렇기 때문에 중앙정부는 신속하게 법적 정비를 진전시키고 전국지사회, 전국시장회, 전국정촌회와 함께 체제를 구축해야 할 것이다.

〔별지〕 일대일 지원이란?

일대일pairring 지원이란, 전 국민이 힘을 합쳐 재난지역의 부흥을 지원하기 위한 장치이다. 원래 의미는 중국어의 '대구지원対口支援'이며, 중국의 쓰촨 대지진의 부흥에서 큰 역할을 하였다. 대구対口는 한 팀을 짠다는 의미이다. 그 내용은 다음의 5항목으로 요약할 수 있다.

1. 부흥을 위해서는 재난지역이 아닌 특정 현, 또는 시정촌(지원 측)이 재난지역의 특정 지자체와 협력관계를 맺고 지속적인 지원을 전개해 간다.
2. 지원 측은 재난지역의 실정, 사고방식에 입각하여, 인적 지원, 물자지원, 피난소 공급, 부흥지역 만들기 지원 등, 여러 가지 지원을 행한다.
3. 중앙정부는 이 지원에 필요한 법 정비(지역부흥지원법 등)와 재원 수당을 행한다.
4. 지자체 간의 조합은 총무성, 전국지사회, 전국시장회, 전국정촌회 등이 지금까지의 축적을 살려서 재난지역의 특정 지자체의 규모, 재해 상황, 과제, 지금까지의 지원 경과 등을 종합적으로 판단하여 결정한다.
5. 일대일 지원의 기간은 3년간으로 정한다. 재해를 입은 지자체는 지원 지자체의 협력을 통해 신속하게 부흥목표를 설정하고 그것을 실현하기 위해 노력한다.

이러한 제언은 일본학술회의뿐만이 아니라 각종 단체와 지식인 계층에서도 이루어졌다. 그러나 현실적으로 실현된 것은 위에서 서술한 재해협정에 근거한 것, 자매도시에 의한 자주적인 협력이라는 일대일의 지원이 우선 집중적으로 이루어지고, 거기에서 빠진 재난지역 지자체에는 총무성과 전국지사회·시장회가 지원 지자체를 알선하는 것이었다.

1990년대 이후의 분권화의 흐름 속에서 쓰촨성 대지진 당시 중국이 취한 정책, 즉 중앙정부가 솔선하여 지원 지자체를 강제적으로 할당하는 것은 힘들었을 것이다. 일본에서는 지자체 직원은 어디까지나 각 소속 지자체의 직원이며 일본 국민이 공유하는 지자체 직원이 아니다. 이러한 소속의 문제와 지방분권의 흐름은 근원적인 문제일 것이다. 그러나 그것은 평상시의 문제이며, 국가 비상시에도 그것을 그대로 적용하는 것에는 큰 문제가 있는 것은 아닐까? 진도 9의 지진이 발생하고 거대 쓰나미가 산리쿠 해안 일대를 격렬하게 급습한 이번 대지진은 국가적인 긴급사태이다. 지방의 자주성, 분권이라는 이상론을 일시적으로 의심하고 국가가 그 주도권을 발휘하여 강제적 결연 지원체제를 적극적으로 실행하는 것이 나았을지 모를 일이다.

유사시에 지자체와 중앙정부가 어떠한 대응을 해야 하는 것인가에 대해 동일본 대지진은 다시금 중요한 과제를 일깨우게 하였다.

2) 당연시되는 인적 지원의 방책—전국 인재데이터베이스 구축으로

한 가지 더 지적해 둘 사항은 재난지역에 필요로 하는 인재가 적절하게 파견되지 않았던 점이다. 초기 행동 시의 소방, 경찰, DMAT 등을 제외하고 그 후의 파견된 사람의 대부분은 피난소의 운영에 임하였다. 쓰레기 더미 철거작업에 임하고 있던 직원도 적지 않다. 그러나 지자체 직원이 가지고 있는 여러 가지 전문성을 살리는 것은 장치만 잘 정비되어 있다면 가능했을 터이다. 본서 제4장의 시마무라 논문에서도 소개하고 있듯이, 한신·아와지 대지진을 경험한 고베시에서는 인재 데이터베이스를 구축하였다. 피난소 운영, 자원봉사자센터 개설, 하수도 복구조사, 가옥 재해상황 조사, 응급급수 등 여러 가지 지원에 관한 경험을 가지고 있거나 전문기술을 가지고 있는 사람의 데이터베이스를 퇴직한 직원을 포함하여 구축하였다.

이러한 데이터베이스가 보다 광역적으로 전국적으로 구축되어야 할 필요가 있을 것이다. 현재 광역적인 지자체 인재의 데이터베이스가 일본에 존재하고 있지 않다. 지자체 직원은 소속 지자체의 직원이며, 해당 직원에 관한 데이터는 지자체 밖에서는 공유되지 않는다.

즉, 공무 인재의 인적 리소스를 최적 배분하는 시스템은 (자위대를 제외하고는) 일본에 실제로는 존재하지 않았다. 이것은 각 지자체가 각각 독립된 조직이며 그것을 조정하는 조직이나 데이터 베이스가 없다는 것에 연유한다. 재난지역 전체의 상황을 파악하고 각 재난지역의 인적 지원의 필요 정도, 필요 수, 필요한 전문 분야 등을 산출하여 그것을 모으는 데이터베이스가 전혀 없는 것이다. 총무성에도 그러한 부서는 없었다. 자치행정국 공무원부는 정원 관리를 하거나 급여 조정을 하기는 하지만, 전국의 인재 데이터베이스를 구축하지는 않았다.

향후 전문성을 가진 인재의 데이터베이스를 네트워크로 연결하여 지자체 간에 그 정보를 공유할 수 있는 장치를 구축하도록 정책을 고안할 필요가 있을 것이다.

더욱이 전문성을 가진 인재는 지자체에 근무하는 지방공무원에 한정되지 않는다. 전국 각지에 있는 자원봉사자 중에서 전문성을 가진 사람, 즉 프로 보노(pro bono : 무료 또는 염가로 서비스를 제공하는 일)에 관한 데이터베이스를 구축해 두고, 그것을 재해 시에 이용하는 것도 고려할 수 있다. 의사, 간호사, 라멘가게에서 토건회사까지 개인, 법인을 나누어 등록, 파견하는 장치를 생각해도 좋을지 모르겠다.

요약하자면, 재난지역의 지원이 순탄하게 이루어지기 위해서 지자체 네트워크, 인적 네트워크, 그것을 위한 데이터베이스 구축과 그것을 총괄하는 국가 차원의 부서가 필요하다고 할 수 있다.

제 2 장

보다 나은 피난소 운영을 위해서

피난소의 수급 매칭 시스템의 구축 등

지원물자창고(후쿠시마현 고리야마시)

고니시 요코小西葉子

서론

2011년 3월 11일에 발생한 동일본 대지진을 지원하기 위해 각 지자체는 많은 직원을 재난지역으로 파견하였다. 필자도 2011년 4월 1일부터 7일까지 일주일 간, 교토부로부터 파견되어 후쿠시마현 고리야마시에서 피난소 운영 지원에 종사하였다. 당시의 경험을 통해서 과제로 삼아야겠다고 느낀 것을 비롯하여 보다 나은 재난지역에 대한 지원의 방향과 자신의 지자체 구역이 재난지역이 되었을 경우의 효과적인 대응책을 고찰해 보고자 한다. 이는 실제 체험을 바탕으로 피난소 운영의 실태를 중심으로 하여 진행될 것이다.

이번 동일본 대지진으로 인한 피난소의 수와 피난소로 이동한 피난자 수는, 재해 1주일 후에 2,182개소, 386,739명, 재해 1개월 후에 2,344개소, 147,536명, 재해 3개월 후에 1,459개소, 88,361명으로[1] 상당히 많은 이재민들이 피난소 생활을 경험하고 있다. 또 고령자를 중심으로 피난소에서 사망하는 사람도 속출해 문제가 되었다.

이처럼 피난소는 많은 수의 이재민들이 관계하고 있는 장소이기 때문에 효과적인 운영을 위해 더욱더 중요시 해야 한다고 필자는 생각하고 있다.

또 보다 나은 운영을 위해 큰 예산과 인원을 투입하지 않더라고 조금 궁리만 한다면 개선할 수 있는 사항이 다수 있지 않을까라고 생각한다.

1. 피난소 운영과 관련되는 과제에 관해

먼저 본 절에서는 피난소 운영의 주요 과제를 동일본 대지진, 한신·아와지 대지진, 니이가타현 주에쓰 지진의 사례에 비추어 살펴보기로 한다.

1) 피난소 운영체제에 관해

(1) 피난소의 책임자가 불명확

동일본 대지진 때에는 많은 피난소에 해당 지역의 재난지역 지자체

1 일본 대지진 부흥대책 본부 홈페이지 〈피난소 생활자·피난소의 추이〉.

(현·시정촌)로부터 직원이 파견, 배치되었다. 그러나 피난소에서는 책임자가 불명확하여 피난소 내에서의 지휘감독이나 상황 파악이 충분히 이루어지지 않는 상황을 볼 수 있었다.

그 주요한 이유로서는 책임자로 적합한 재난지역 지자체 직원의 파견기간이 짧고, 수시간 내의 교대(하루에 2-4번 직원이 교체)나 길어야 3일 정도로 교대하는 점을 들 수 있다. 나중에 서술하듯이 행정 직원은 본래 피난소 운영의 노하우를 가지고 있지 않고, 더구나 이번 재해에서도 노하우를 습득하기 전에 새로운 직원으로 교체해 버렸다. 이 때문에 시시각각 변하는 피난소의 상황을 파악하고 필요한 대응을 행하는 책임자로서의 역할을 다하는 것이 곤란해졌다.

피난소의 책임자에 관해서는 후쿠시마현의 대규모 피난소에 파견된 자원봉사자센터 직원으로부터 "책임자가 상주하고 있는 것은 아주 중요"[2]하다는 의견을 들었다. 이러한 대규모 피난소 안에는 재해 발생 후 1개월 이상 지나서 행정직원이 상주하고 배치된 곳도 있으나, 피난소 수가 피난소 운영의 가장 혼란스러운 초기 시기에는 거의 모든 피난소에서 명확한 책임자가 부재한 상태였다.

또 피난소에는 피난소로 이용되는 시설의 소유자, 동 시설의 관리자(지정관리자 등), 재난지역의 현·시정촌 직원, 복수의 지원 지자체·단체, 개인 자원봉사자, 광역으로 피난하고 있는 경우는 피난자의 거주지의 지자체 등, 상당히 다양한 주체가 관여하고 있다. 이렇게 다수의 주체가 공동으로 한 가지의 일에 관여할 경우에는 지휘

---

2 교토부 재해 자원봉사자센터 직원(후쿠시마현 최대의 피난소 〈빅 팔레트 후쿠시마〉(2011년 8월 31일 폐쇄)) 인터뷰에 의함.

명령체계를 명확히 한 뒤에, 책임자의 지휘 아래 필요한 연대와 정보제공을 꾀하는 것이 중요하다. 그러나 책임자의 부재로 인해 피난자와 지원자 등의 상황이 지금 어떻게 되어 있으며, 무엇이 과제이며 그것을 위해서 어떻게 대응해 나갈 것인지와 그 상황에서의 지휘관은 누구이며 각 주체가 어떻게 역할을 분담할 것인가 등에 관해서 의사통일과 정보 공유를 할 장소가 없는 피난소를 많이 볼 수 있었다.

(2) 피난소를 운영할 수 있는 인재 부족

거의 모든 행정직원은 피난소 운영에 관한 노하우를 가지고 있지 않기 때문에 재난지역 지자체 직원과 지원 지자체의 직원이 서로서로 시행착오를 겪으면서 운영에 관계하게 된다. 그렇기 때문에 무엇을 해야 할지 몰라서 지시만을 기다리고 있거나 거꾸로 뭐든지 과도하게 해버려서 피난자의 자치조직이 결성되기 어려워지는 경우도 볼 수 있다.

피난소의 운영에 관해서는 많은 지자체에서 〈피난소 운영 매뉴얼〉을 작성하고 있으나, 매뉴얼을 활용한 실질적인 훈련은 거의 실시되지 않고 있으며 대부분의 직원이 매뉴얼의 존재조차 알고 있지 않은 듯하다. 후쿠시마현에서도 2006년 3월에 시정촌을 대상으로 하는 〈피난소 운영 매뉴얼 작성 지침서〉를 작성하였으나 재해 시에는 거의 기능하지 않았다고 한다.

또, 이 〈피난소 운영 매뉴얼 작성 지침서〉를 작성하고 있는 대부분의 도도부현이 직원을 대상으로 하는 것이 아니라 어디까지나 시정촌을 대상으로 작성하고 있다. 여기에서도 알 수 있듯이 도도부현은, 기본적으로 피난소의 설치와 운영은 시정촌의 사무(업무)이며 도도부현은 관여하지 않는다고 생각하고 있다. 그러나 동일본대지진 등과 같이 피해가 막대하고 시정촌만으로는 대응할 수 없는 경우나 피난 범위가 시정촌 구역을 넘어 광역에 걸친 경우 등은 도도부현도 피난소 운영에 실제적으로 관여할 필요성이 생기게 된다. 이 때문에 도도부현의 역할도 재설정하여 피난소를 운영할 수 있는 인재 육성 등 필요한 대응을 할 필요성이 있다.

(3) 비효율적인 인원 배치

앞에서 서술하였듯이 피난소 내의 책임자가 불명확했던 큰 요인 중의 하나는 재난지역 지자체 직원의 파견기간이 짧은 데 있었다. 재난지역의 지자체에 그 이유를 물었더니 '1주일 이상 피난소에 파견되면 부재 중의 업무가 쌓이게 되어 그 후의 통상 업무에 쫓기게 되어 체력적으로도 힘이 든다'라는 것이다. 한편 '직원이 장기간 상주하고 있는 피난소의 상황을 보니, 역시 파견기간은 길수록 좋다고 생각한다'는 의견도 있었다.

통상적인 업무가 있는 중에 갑자기 발생한 막대한 재해 관계 업무에 대응하는 것은 상당히 힘들 것이다. 이것은 정도의 차이는 있긴 하지만, 재난지역의 지자체뿐만이 아니라, 다수의 직원을 재난지역에 파견하거나 재해대책본부 등의 업무에 종사시키고 있는 지원 지자체의 경우는 더더욱 그러할 것이다.

그러나 이러한 비상시에 정해진 인원으로 얼마만큼 필요한 대응을 효과적으로 할 수 있는가는 중요한 문제이다.

예를 들면, 지원 지자체의 경우, 파견 직원이 단순작업에만 종사하고 있는 경우가 있었는데, 이것을 두고 효과적인 인원 배치라고 말하기 어려울 것이다.

재난지역의 지자체·지원 지자체 쌍방이 다시금 정해진 직원을 어떤 업무에 어떠한 형태로 배치하는 것이 가장 효과적인가를 검토하고 결정해야 할 필요성을 통감하였다.

2) 구호물자에 관해

(1) 과도한 양의 구호물자

재해 발생 초기에는 물과 식료품 등의 물자가 부족하지만, 대부분의 피난소에는 곧 다 소비하지 못할 과도한 양의 물자가 도착하게 된다. 동일본 대지진의 경우에도 발생된 지 얼마 되지 않은 3월 중순에 이미 막대한 양의 식료품이 도착하였고, 교토의 피난소 파견 제1진(3월 21일부터 파견)은 이미 유통기한이 지난 식료 등을 폐기하는 작업을 하고 있었다.

한신·아와지 대지진이 발생한 후에도 "전국 그리고 세계 각지로부터 여러 가지 구호물자가 도착하였으나, 막대한 물자를 받아들이고, 나누고, 배부하는 데에 많은 일손이 필요하게 되었다"[3]고 하며, 니이가타현 주에쓰 지진에서도 "재난지역의 물자 수요의 감소를 고려하지 않고 혼란스러운 시기가 지난 후에도 배송센터 정비

3 내각부 홈페이지《한신·아와지 대지진 교훈정보 자료집》.

등을 행하여 물자를 계속적으로 받아들였다. […] 그 결과, 창고의 확보와 배분작업, 수취 업무 등에 인원을 할애하였기 때문에 다른 업무에 지장이 생기는 등의 사태에 빠졌고, 현 재해대책본부의 보관시설에 대량의 물자가 남는"[4] 상황이었다.

2011년 8월-9월의 태풍 12호에 의한 재해 시에도 "전국으로부터 모인 페트병의 물 등을 활용하는 데에 와카야마和歌山현 신구新宮시가 골머리를 썩고 있다. […] 시내의 운영회사에 빌린 창고에는 2리터 음료 6병이 든 케이스 등이 수천여 개 보관되어 있다. 유통기한이 있는 식품 등을 낭비하지 않기 위한 방책은 대규모 재해에서 항상 따라다니는 난제이다"[5]라고 하듯이, 구호물자에 관한 문제를 제기하였다.

(2) 변화하는 다양한 수요에 대한 불충분한 대응

또한 지진 재해 발생으로부터 시간이 경과함과 동시에 구호물자에 관한 수요가 변화하였다. 예를 들면 한신·아와지 대지진의 경우, 물과 식료품 등에 대한 요망사항이 높았던 시기는 재해 발생 후 2주간 정도이며, 그 후에는 화장실용 휴지, 쓰레기봉투 등 일반적인 일용품으로 변화하였다.[6]

필자가 파견된 피난소의 경우는, 연일 보내오는 것이 구호물자

---

4 松本昌二·佐野可寸志(2006), 〈救援物資の流動実態と課題〉, 《新潟県中越自信被害報告書》, 長岡技術科学大学, p.139.

5 《毎日新聞》, 2011年 11月 7日 朝刊, 〈倉庫に眠る善意ー台風12号支援物資 和歌山·新宮 活用法悩む〉.

6 神戸市(1996) 《阪神·淡路大震災ー神戸市の記録 1995年》, 神戸市, p.316.

의 성격이 강한 컵라면과 통조림류였다. 그러나 이 피난소는 시설 내에서 세 끼를 조리하여 제공하였기 때문에 컵라면 등을 필요로 한 것은 처음 며칠 간만이고, 나중에는 거의 먹지 않고 체육관에 산적해 두게 되었다.

통조림류에 대해서는 스팸과 정어리, 어육소시지 등이 많았으나, 평소 별로 요리로 이용하지 않는 식재료이기 때문에 조리 담당자는 이것들을 어떻게 활용할지 매일같이 고심하였다.

신선한 육고기와 생선은 배급이 어렵기 때문에 통조림 등의 어육을 보냈는데, 고리야마시는 재해 피해가 비교적 적었기 때문에 근처 슈퍼 등이 거의 평상시 대로 품목을 갖추어 빠른 시기에 회복하였다. 이 때문에 통조림류보다도 신선식품을 구입할 수 있는 현금을 제공했더라면 더 맛있는 식사를 제공할 수 있었을 텐데라는 유감스러운 생각이 들었다.

또 물자 지원을 요청한 시점과 물자가 도착하기까지는 시간적인

표 2-1 한신·아와지 대지진 시에 요망이 많았던 구호물자(시기별)

기간	품목
1월 17-31일	물, 식료, 담요, 목탄, 휴대용 가스버너, 스토브, 손난로, 의약품
2월	휴대용 가스버너, 방한복, 속옷, 기저귀, 블루시트, 마스크, 프로판가스
3월	세제, 청소용구, 화장실용 휴지, 냄비, 솥, 조리기구, 조미료 등
4월	조미료류, 사무용품, 휴지통, 쓰레기봉투, 화장실용 휴지, 티슈
5월	살충제, 액체 모기잡이용 기구, 모기향, 쓰레기봉투, 접착 테이프
6월	팩스 용지, 살충제, 액체 모기잡이용 기구, 훈연제, 화장실 방향제
7월	홑이불, 살충제, 모기향
8월 이후	이사용 상자, 접착 테이프, 테이프

출처: 고베시(1996), 《한신·아와지대지진—고베시의 기록 1995년》, p.316의 도표를 기본으로 필자가 작성.

간극이 생기기 때문에 도착한 시점에는 이미 필요로 하지 않게 되는 경우도 많다.

한신·아와지 대지진 때에도 '매스컴 등에서 재난지역에서 필요로 하는 물자의 지원을 호소하였으나, 실제 물자가 도착하기까지 시간적인 간극이 있고 〔…〕 일시적으로는 부족하였으나, 이른 단계에 보통 입수 가능한 우유, 기저귀, 생리용품, 손난로 등은 결과적으로 배송 거점에 재고가 쌓이게 되었다'[7]고 기록되어 있다.

(3) 피난소 간의 격차

구호물자에 관해서는 피난소 간에 격차가 생기는 문제도 발생하였다.

가장 먼저 지원이 필요할 법한 피해가 큰 지역에는 물자가 닿기 어렵다. 필자가 파견되었던 고리야마시의 피난소에는 전술한 대로 다 소비할 수 없을 정도의 양의 구호물자가 도착하였으나, 또 한편 같은 시기에 텔레비전 등에서는 후쿠시마현 동부의 태평양 연안 지역[8]에는 구호물자가 부족하다는 것이 빈번하게 보도되었다. 교통망이 끊기고 원자력발전소 사고의 영향 등으로 물자 우송이 어려워졌다고 여겨지나, 전국에 지원을 요청하지 않아도 같은 후쿠시마현 내의 피난소에 산적해 있는 물자를 보내면 문제는 해결될 것인데

7 神戸市民生局(1996),《平成7年兵庫県南部地震神戸市災害対策本部民生部の記録》, 神戸市民生局, p.14.

8 후쿠시마현은 남에서 북으로 이어지는 아부쿠마阿武隈 고지와 오우우奥羽 산맥을 따라서 나카도오리中通り, 아이즈会津, 하마도오리浜通り의 세 지역으로 나뉜다. 하마도오리는 현 동부의 태평양 연안 지역으로 동일본 대지진 시에 쓰나미와 원전 사고 등으로 후쿠시마현 내에서도 가장 피해가 컸던 지역이다.

하는 의문도 생겼다.

또 매스컴의 보도 등으로 피난소 간에 격차가 생기는 일도 지적되고 있다. 한신·아와지 대지진의 경우에도 '매스컴의 보도에 편차가 있었기 때문에 자주 보도된 피난소에는 자원봉사자, 구호물자가 많이 모이는 등, 피난소 간의 격차'[9]가 문제시 되었으나, 동일본 대지진에서도 같은 경향을 볼 수 있다.

게다가 필자가 파견된 피난소에는 처분하기 힘들 정도로 대량의 물자가 보내졌는데, 근처의 피난소에는 전혀 보내지지 않는 경우도 볼 수 있었다. 그 피난소는 평소 관계하고 있던 학교에 설치되어, 교직원끼리 이야기를 나눌 기회도 있었기 때문에 적절하게 양 피난소에서 물자를 교환하는 등의 대응을 하였으나, 그러한 것을 전체적으로 파악하는 관리기능이 제대로 작동하지 않았다.

3) 피난소 전체의 상황을 파악하기 위한 장치에 관해

제1항에서는 피난소의 운영체제에 관해서, 제2항에서는 구호물자에 관해서 각각의 과제를 서술하였는데, 최우선 과제라고 느낀 것은 피난소 전체의 상황을 파악하고 파악한 상황에 근거하여 필요한 대응을 실행할 장치가 없다는 점이다.

제2항에서 서술하였듯이 구호물자만을 보더라도 다 소비할 수 없는 양의 물자가 도착하거나 물자와 수요가 잘못 매치되거나 피난소 간에 격차가 생기는 등 여러 가지 문제가 발생하였으나, 이러한

9 내각부 홈페이지《한신·아와지 대지진 교훈정보 자료집》.

상황을 현과 시정촌의 대책본부 등은 충분히 파악하지 못하고 있으며 필요한 대응이 이루어지지 않고 있다고 생각되었다.

피난소 내의 과제는 비단 구호물자만이 아니다. 예를 들면, 피난소 내에는 고령자, 장애를 가진 사람, 임산부, 영유아, 지병을 가진 사람 등 배려를 해야 할 사람이 있어, 각각의 상황에 따라 세심한 지원이 요구되나, 이러한 여러 가지 수요에 대한 대응에 관해서도 기본적으로 각 피난소의 자체 능력에 그저 맡겨 버리고 있는 듯하다.

그 요인으로는 각 피난소 내의 상황 파악이 충분히 이루어지지 않고 있으며, 그러한 상황인 채로 각 피난소가 재해대책본부 등에 물자 송부와 인적 파견을 요청하였던 점을 들 수 있다. 또, 재해대책본부 측도 여력이 없었던 것이 큰 요인일 테지만, 적극적으로 피난소 전체의 상황 파악을 행하려고 하지 않았기 때문에 피난소 내에서 생긴 여러 가지 문제에 관해 충분한 대응이 이루어지지 않았다고 생각된다.

이렇게 재난지역 지자체 측이 정말로 필요한 물자와 인원을 파악하여 제시하지 못한 것도 큰 원인이기도 하지만, 한편으로 지원 지자체 측에도 재난지역의 수요와는 관계 없이, 구호물자를 보내거나 피난소 등에 직원을 파견하는 경우도 있지 않았는가라고 생각되는 경우도 볼 수 있었다. 물론, 좋은 의도로 행해진 것이지만, 재난지역의 지원에 관해서 지자체 간에 다른 지자체보다도 얼마만큼 많은 구호물자를 보낼지, 얼마만큼 많은 직원을 파견할지 얼마나 빨리 지방 공공단체장이 재난지역에 지원을 하러 갈지 타 지자체와의 지원경쟁의 부분도 의식하여 전개되고 있었던 것은 아닐까?

이러한 것들이 악순환되어 재해 대응 전체에 혼란을 초래하고 그 영향이 이재민이 많이 생활하는 피난소로 전가되었다고 생각된다.

2. 보다 나은 피난소 운영을 위해서

본 절에서는 제 1절에서 축출한 피난소 운영과 관계되는 과제에 대한 대응책을 제언할 것이다.

1) 지자체의 명확한 역할에 관해서

우선 보다 나은 피난소 운영을 위한 제언으로서 지자체를 비롯한 각 주체의 역할을 명확히 할 필요성에 관해서 서술하고자 한다.

피난소에서 상황을 보면서 의문시 여겼던 것은 다양한 주체가 재난지역의 지원에 관여하면서 재난지역 지자체와 지원 지자체가 복구를 위해 어떠한 부분을 주로 담당해야 할 것인지가 불명확했다는 점이다. 물론 완벽하게 끼워 맞추는 것이 아니라, 그 때 그 때의 상황에 맞는 임기응변의 대응이 요구되지만, 정해진 인원을 효과적으로 활용하기 위해서는 먼저 최우선적으로 담당해야 할 부분은 무엇인지를 우선은 명확하게 해 둘 필요가 있을 것이다.

재난지역 지자체의 경우를 살펴보면, 예를 들어 피난소 전체의 상황 파악과 관리 등의 전체적인 부분과 대규모 피난소를 비롯한 피난소에 상주하는 책임자 배치에 더욱더 인원을 투입해야 하지 않을까 하고 생각한다. 그리고 그러기 위해서는 피난소 내에서의 '물자관리반' '정보제공반' 등과 같이 역할에 따른 팀을 짜고 담당하는 지원 지자체와 지원단체를 정하여 맡길 수 있는 부분은 맡기는 것이 필요하다.

또 지원 지자체로서는 자원봉사자의 수가 적은 초기의 혼란기에는 피난소에 직원을 파견하는 것도 무의미하지는 않지만, 민간에서의 지원활동이 활발해진 후에는 지자체 직원이 아니면 곤란한 업무, 예를 들면 업무가 눈에 띄게 증가한 재난지역 지자체의 통상업무의 지원 등에 종사해야 하지 않을까라고 생각한다.

또 재난지역 지자체의 경우에 도도부현의 역할에 대해서 살펴보면, 제1절에서 서술한 것처럼 도도부현은 피난소의 운영·설치는 시정촌의 업무이고 도도부현은 관여하지 않는다고 생각한다. 그러나 동일본 대지진 등에서는 실제로 많은 도도부현 직원이 피난소 운영에 관여하였다. 그렇기 때문에 대규모 재해에서는 도도부현 직원도 피난소의 책임자가 될 가능성이 있다는 인식을 가지고 평상시부터 대책을 검토해야 할 것이다. 예를 들면 시정촌과 도도부현이 공동으로 피난소의 개설과 운영에 관한 실질적인 훈련과 연수 등을 실시하면 어떨까? 그 경우에는 이번에 피난소 등으로 파견된 직원에게도 참가를 촉구하여 모처럼 얻은 노하우를 향후 발생할 재해 시에도 활용할 수 있도록 할 필요가 있다.

어찌되었든 각 지자체는 재난지역의 지자체와 지원 지자체가 각각 처한 입장에 따라 우선적으로 인원을 투입해야 할 업무의 최우선순위를 정해 두는 것이 중요하다.

한편 한신·아와지 대지진 발생 시에 재해 직후의 구원활동에서 활약하고 크게 주목받은 NPO는 이번 동일본 대지진에서도 여러 가지 면에서 활약하였다.

예를 들면, 피난소 지원의 경우, 3월 14일에 발족한 '이재민을 NPO와 연결하고 도울 수 있는 합동 프로젝트'의 활동을 들 수 있다. 이 프로젝트는 센다이, 도쿄, 간사이를 중심으로 하는 전국 각지의 NPO네트워크이다. 합계 378명의 자원봉사자를 미야기현에 파견하여, 443개소를 순회방문하며 피난소의 실태를 파악하였다. 그리고 판명된 수요와 과제를 지역 내에서 힘을 쏟은 지원, 개호, 의료, 장애자, 외국인, 난치환자 지원 등 전문성을 가진 NPO와 매칭시켜 해결을 꾀하고 있다.[10]

NPO는 자주성, 개별성, 즉흥성, 유연성, 다원성 등 행정에서는 볼 수 없는 특징을 가지고 있으며, 피난소 지원에 있어서도 가장 지원이 필요한 사람에게 중점을 두고 지원을 행하는 등 세심한 대응을 하고 있다. 한편 피난소 지원에는 행정의 특징인 공평성, 연속성, 안전성 등도 필요할 것이다. 이 양자 이외에도, 기업, 지연 조직, 의료기관, 일본 적십자사, 경찰, 자위대 등 재난지역의 지원에 관계하는 다양한 주체가 각각의 특징을 살리면서 협동, 역할분담하는 것이 중요하다. 그리고 그것을 효과적으로 실현할 수 있도록 협력하는 것이 행정의 중요한 역할이라고 생각한다.

10 이재민을 NPO와 연결하여 돕는 합동 프로젝트 홈페이지 〈프로젝트 활동 레포트(2011년 3월 17일-5월1일)〉.

2) 효과적인 인원배치에 관해서

제1절에서 본 바와 같이, 이번 경우에 피난소에서의 상황 파악을 곤란하게 한 요인의 하나는 재난지역 지자체 직원의 파견기간이 짧고, 피난소 내의 관리가 이루어지지 않은 점이었다. 하루에 수차례 교체되는 단기간의 파견이라고는 하지만, 소중한 인적 자원을 투입한다는 점에서는 변함이 없으므로 효과를 발휘하지 못한다면 안타까운 일이다.

일본에서는 피해 상황을 파악하는 시스템이 한신·아와지 대지진 이후 정비가 진전되었지만, 현재 어떠한 대응을 하고 있는지, 각각의 자원이 어떻게 배치되는지 등 위기 대응 상황에 대한 정보관리가 미국 등에 비해서 뒤처져 있다고 한다.[11] 효과적인 대응을 위해서는 위기 대응 상황 파악을 확실하게 하고, 이번 피난소에서의 인원 배치와 같이 충분히 기능하지 않는 경우에는 곧바로 재고할 필요가 있을 것이다.

효과적인 피난소 운영이라는 관점에서 생각하면, 파견된 재난지역의 지자체 직원이 피난소 내의 관리를 확실하게 할 수 있는 인원배치가 필요하다. 그러기 위해서는 단기간이 아니라 장기간에 상근 가능한 배치가 바람직하다. 또 해당 직원의 통상 업무에 관해서 피난소 주재 중에는 다른 직원을 대체하는 등 피난소 운영에 전념할

---

11 東田光裕(2010), 〈危機対応システム(ICS)と情報過程〉, 《Disaster Reduction Management 減災》 Vol.4, p.15. 미국에서는 ICS(Incident Command System)이라는 일정 기간에 인계를 효과적으로 행하기 위한 시스템이 구축되어 있으며, 상황 인식의 통일을 신속 정확하게 행하며, 관계 기관에 공유함으로써 효과적인 위기 대응을 가능하게 한다.

수 있는 체제를 만드는 것도 필요할 것이다. 또 지휘관으로서의 권한을 부여하고 피난소 내에서의 재해 대응에 관한 모든 조직이 하나의 지휘명령 계통하에서 대응에 임할 수 있는 운영체제를 구축해야 할 것이다.

한편 이렇게 장기간 상근하며 복수의 지원 주체를 아우를 수 있는 지휘관으로 배치할 경우, 해당 직원에게 부담이 과중되는 문제가 있는데, 그 해결책으로서 한 가지는 평상시부터 이러한 상황에 대응할 수 있는 인재를 육성해 두는 것, 또 한 가지는 후술하듯이 재해대책본부가 각 피난소의 상황을 날마다 파악하고 필요한 대응을 하는 장치를 구축함으로써 각 피난소의 운영을 확실히 지원하는 것을 들 수 있다.

또 동일본 대지진에서는 피난소 내에 파견직원이 교대하는 경우의 인계가 불충분하거나 운영에 관한 다양한 주체 간의 정보공유나 연대가 없이 쓸데 없는 부분이 많다는 과제가 생겼다. 이를 위해서 피난소 내에서 지휘관이 각 지원 주체 등으로부터의 보고를 근거로 현상을 파악하고 운영 방침과 매일매일의 대응 전략을 작성함과 동시에 그것을 지원자 전원이 공유하는 장을 설정함으로써 인계와 정보 공유를 효과적으로 행하는 것이 중요하다.

3) 피난소의 수급 매칭시스템의 구축 등에 관해

제1절, 3절에서 서술한 것처럼 피난소 운영에 관계되는 최대의 과제는 피난소 전체의 상황을 파악하고 파악한 상황에 근거하여 필요한 대응을 하는 장치가 없다는 것이다. 이것이 피난소에서의 부

적절한 수급 문제의 큰 요인이 되기도 하였다.

동일본 대지진에서는 지자체에 의한 이러한 활동이 불충분하여 제1항에서 본 것처럼 NPO의 네트워크 '이재민을 NPO와 연결하고 도울 수 있는 합동 프로젝트'가 미야기현의 피난소에 대한 실태 파악과 과제 해결을 행하였다. NPO의 이러한 활동은 보다 나은 피난소 운영을 위해서 상당히 도움이 되지만, 한편으로는 지자체 측도 NPO에 모든 것을 맡기는 것이 아니라, NPO와 협동, 역할분담을 하면서 피난소 정보의 수집과 그 결과에 근거한 조직적인 대응을 행해야 할 것이다.

또 지금까지 발생한 재난의 경우에 피난소의 전체적인 모습을 파악하지 못하고 있는 점을 과제로 삼아 일정한 대응을 하고 있는 지자체의 예도 있다.

한신·아와지 대지진 발생 시에 피난소의 상황을 파악하지 못하고 있는 과제에 대해 효고현과 현 경찰본부는 1월 20일부터 매일 '피난소 긴급 순찰'[12]을 실시하였다. 그러나 이때는 현이 시정촌과는 별도로 상황 파악을 행하였기 때문에 시정촌으로부터는 번거롭게 두 번이나 한다는 목소리가 들리거나[13] 현과 관계 시정의 관계가 악화되는 경우도 있었다. 그러나, 이재민 지원을 제일로 생각한

---

12 각 반은 매일 순회 후, ①피난자 수 ②피난 주민의 실태, 동향 ③피난 주민의 안전 확인 ④고령자, 병약자의 실태, 대응 ⑤정보 제공 ⑥구원 대책 등 주요 문제점 ⑦주요한 불만, 요망 등에 관해 보고서를 제출하였다. 이 보고서는 필요에 따라 관계되는 시의 재해대책본부에 돌려졌다.〔도쿄도 총무국 재해대책부 방재계획과(1995), 《阪神·淡路大震災調査報告書ー平成7年兵庫県南部地震東京都調査団》 p.181〕

13 東京都総務局災害対策部防災計画課(1995), 《阪神·淡路大震災調査報告書ー平成7年兵庫県南部地震東京都調査団》 p.181.

다면 '현이 시정촌의 행정사무에 관여하지 않는다'는 틀을 고수한다면 이재민의 생생한 정보를 얻을 수 없고, 정보가 없으면 구조대책을 세울 수도 없다. 그렇기 때문에 현이 취한 방법은 이해 가능하다고 야마구치 가즈후미山口一史 씨는 언급하였다.[14]

또 동일본 대지진 때에 이와테현에서는 피난소의 상황이 파악되지 않아 4월 하순부터 현의 직원이 교대로 연락조정 요원으로서 각 피난소를 돌며 상황 파악에 힘썼다고 하며, 이것에 의해 피난소의 제반 문제들이 꽤 명확해지고 해결되었다고 한다.[15]

이 조치들은 재해 발생 후에 시행착오를 거치면서 실시된 것이지만, 피난소를 순회하는 장치를 도도부현이 시정촌 등과 공동으로 구축해 두는 것이 필요하다. 후쿠시마현의 대규모 피난소에 파견된 자원봉사자 관리운영자와의 인터뷰에서도 "피난소의 원활한 운영을 위해서는 사전준비가 필요하며, 그것에 관해서는 각 시정촌에 맡기는 것이 아니라, 부현 전체에서 장치를 생각할 필요가 있다"는 의견도 있었는데, 이는 도도부현의 역할이 특히나 중요하다는 것을 반영하는 것이다.

구체적으로는 다음과 같은 장치를 생각할 수 있다(〈그림 2-1〉 참조).

① 지역 지자체(도도부현·시정촌이 공동)의 재해대책본부가 의료기관과 경찰, NPO 등과 연대하여 피난소 순회 팀을 편성한다.

14 山口一史(2005), 〈復興推進ー情報発信·相談体制〉, 《阪神·淡路大震災復興10年総括検証·手遺言報告》 兵庫県·復興10年委員会, p.343.

15 이와테현 재해대책본부와의 인터뷰에 의함.

그림 2-1. 피난소 순회팀 등의 이미지도

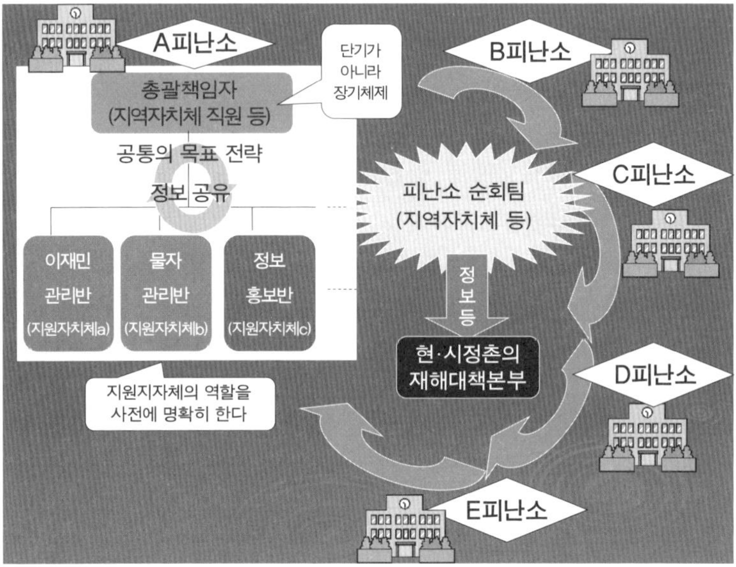

출처: 필자 작성.

② 피난소 순회 팀은 여러 팀으로 나누어서 매일 피난소를 순회하고 각 피난소의 책임자(재난지역 지자체 직원 등)로부터 피난소 내의 과제와 수용을 청취하고 파악한다.

③ 재해대책본부는 피난소 순회팀의 보고를 근거로 피난소 전체에서 필요로 하는 구호물자와 총인원, 내용, 각 피난소의 개별 과제, 수요 등을 집약한다.

④ 재해대책본부는 집약된 결과에 근거하여 각 피난소에의 구호물자의 송부와 사람의 파견, 개별과제에의 대응 등을 결정, 실시한다. 또 각 지원 지자체는 실제로 필요로 하는 구호

물자와 총 인원수, 내용을 명시한 뒤에 지원 의뢰를 행한다.

현재는 재해대책본부가 피난소의 전체 모습을 파악하고 있지 않기 때문에 구호물자의 제공과 인원 파견 신청이 있었을 때에 받아들여야 할지 어떨지 판단이 서지 않고, 그 결과 수요에 맞지 않는 물자와 인원을 제공하고 수락하고 있다. 피난소의 전체 모습을 파악하고, 그것을 수치 등으로 확실하게 제시할 수 있다면, 지원 지자체 측의 경쟁적 지원과 선입견에 의한 불필요한 구호물자의 대량 제공과 수락도 피할 수 있지 않을까라고 생각한다.

결론

본 장에서 제시한 과제와 제언은 특별히 새로운 것은 아닐지도 모르나, 필자가 세 번의 재난 사례를 보고 통감한 것은 매번, 동일한 과제가 거의 개선되지 않고 반복되고 있다는 사실이다. 피난소 운영에 있어서는 과거의 반성이 다음 재난에서 활용되지 않고 있다고 느꼈다. 이를 위해 각 지자체는 만일 자신의 지자체가 재난지역이 되었을 때에는 지금까지의 반성에 입각한 대응을 할 수 있도록 빈틈없이 대비를 하는 것이 중요하다.

이번 피난소의 운영지원을 경험하고 나서 여러 가지 새로운 과제에 대해 인식하였으나, 그러한 상황 속에서도 필자가 파견된 학교시설의 파난소에서는 교직원분들이 피난자들을 조금이라도 안심

시키고 쾌적하게 생활할 수 있도록 며칠이나 학교에 묵으며 필사적으로 대응을 하고 있었다. 또 피난자들도 구호물자와 요리의 운반 등 자신들의 힘으로 할 수 있는 것을 찾아 적극적으로 돕거나 앞이 보이지 않는 불안한 피난생활 속에서도 작은 기쁨과 행복을 발견하는 노력을 하며 열심히 하루하루를 보내고 있었다. 그리고 본 장에서는 혹독하게 의견을 서술하였지만, 재난지역의 지자체에서는 정말로 과혹한 근무 상황 아래에서 부흥을 위해 힘을 쓰고 있다.

두 번 다시 이러한 재난이 일어나지 않기를 바라지만, 만약에 불행하게도 발생할 경우에는 재난지역에서 힘쓰고 있는 분들의 노력을 헛되게 하지 않기 위해서라도 지금까지의 경험을 잘 살려서 피난소 운영을 원활하게 하고, 피난소 내에서 조금이라도 더 밝은 목소리가 들리도록 필자도 힘을 보태고자 한다.

제 3 장

지자체 파견 직원의 유형과 시기에 따른 수요의 변화

잔해처리 지원활동(이와테현 가마이시시)

와카이 노리아키若井憲彰(기후현)

서론

동일본 대지진의 재난지역에는 원격 지자체로부터 많은 직원들이 파견되었다. 파견 시기는 직종에 따라 다르기도 하여 그것을 파악해 두는 것은 향후의 재해복구 지원에 도움이 될 것이라고 생각된다. 이를 위해 본 장에서는 직원의 유형과 시기에 따른 수요의 변화에 관해 정리하도록 하겠다.

1. 소방방재 직원

소방방재 직원의 주요 임무는 소방활동과 구조·구급활동을 하는 것이다. 한신·아와지 대지진 이전에는 명확한 규정이 없는 속에서 각 소방방재 기관이 지원활동을 하였다. 따라서 다수의 부대가 집결하는 대규모재해에서는 지휘통제 등에 문제가 생기기도 하였는데, 한신·아와지 대지진에서 이것이 현저하게 나타났다. 그래서 대규모 재해에서의 활동을 효과적으로 행하기 위해, 1995년에 긴급소방구조대가 창설되었다. 2004년에는 소방조직법에 근거한 부대가 되어, 783소방본부로부터 4,354부대가 등록되어 있다.(2011년 4월 1일 시점의 등록 수)

동일본 대지진 발생 시에는 수많은 긴급소방구조대가 3월 11일에 재난지역을 향해 출발하고 12일에는 약 4,000명이나 되는 대원

도표 3-1. 긴급소방구조대 출동인원의 추이

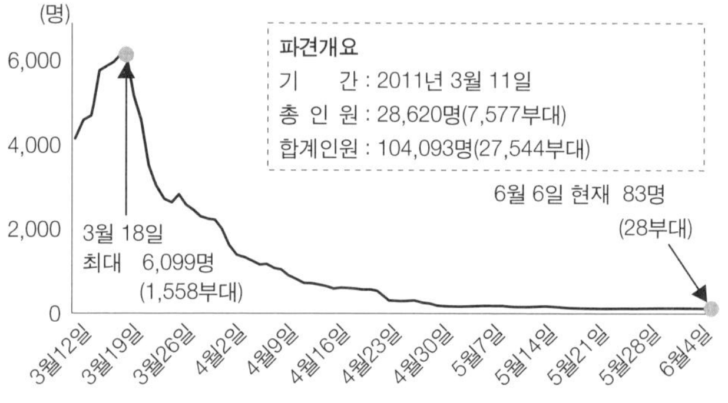

출처: 소방청(2011), 〈동일본 대지진의 피해상황 및 소방 활동상황 등에 관해〉 6월, 일부 필자가 가공.

이 현지에서의 활동을 개시하였다. 긴급소방구조대는 재해 발생으로부터 10일간 정도는 수요가 높아지는 경우가 많다. 이번 경우에 최절정을 이룬 것은 3월 18일의 6,099명이며, 3월 말에는 2,000명으로까지 내려갔다. 그 후에도 서서히 감소하여 6월 6일로 모든 긴급소방구조대가 귀임하였다. 88일간에 누계 28,620명이 지원활동에 종사하였다. 또, 항공부대에 한정하면 최절점은 3월 12일부터 14일이며, 5월 31일에 활동을 끝냈다.

2. 경찰관

경찰관의 주요 임무는 구출 및 구조, 수색, 검시 및 치안유지 등이다. 한신·아와지 대지진 이전에는 전국의 도도부현 경찰로부터 기동대 등을 파견하였으나, 인명구조에 필요한 지식과 경험, 장비 등이 부족했던 점이 우려되었다. 그래서 재해에 대처하는 능력을 갖춘 경찰관으로 구성된 광역긴급구조대를 조직하게 되었다.

재해 발생 직후에는 광역긴급구조대를 중심으로 하는 형태를 취하고 시간의 경과에 따라 기동대 등의 병용을 비롯하여 광역긴급구조대의 수를 줄이는 형태를 취하였다.

동일본 대지진에서는 재해 발생 직후부터 구조와 구출 및 피난유도 등을 행하는 광역긴급구조대의 경비부대와 교통규제 등을 행하는 광역긴급구조대가 파견되었다. 재해 발생 후, 10일 정도 되면 경비부대의 활동은 수색으로 전환되어, 검시와 피해자 대응을 행

도표 3-2. 경찰관 파견인원의 추이

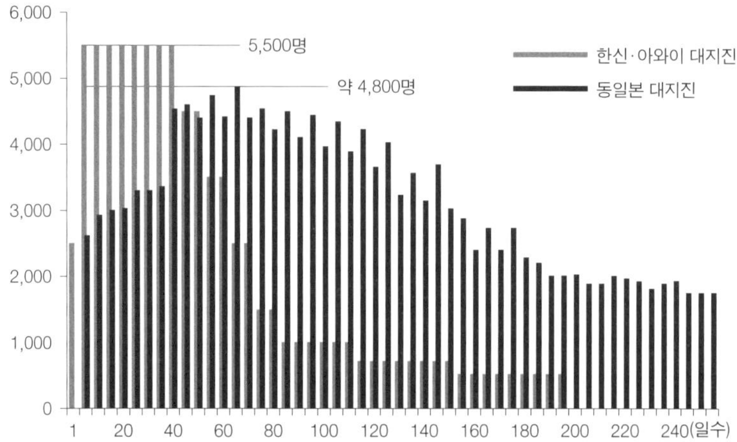

출처: 경찰청(2011), 〈동일본 대지진에 동반되는 경찰조치〉 12월, 일부 필자 가공.

하는 광역긴급구조대의 형사부대 활동이 시작되었다.

구조 및 구출과 피난유도는 재해 발생 직후부터 10일간 정도까지 그 수요가 가장 높다. 수색과 검시활동은 재해 상황에 따라 크게 좌우되어 수해를 동반하지 않는 재해에서는 행방불명자의 수색이 비교적 빠른 시간 내에 수습되는 일이 많으나, 수해를 동반하는 재해에서는 행방불명자의 수색이 아주 곤란하게 되어 활동이 장기화되는 경향이 있다. 그렇기 때문에 한신·아와지 대지진에서는 경찰관의 활동이 가장 활발하였을 때가 하루에 약 5,500명을 파견하였던 재해 발생 시로부터 한 달 정도까지의 기간이었으나, 동일본 대지진 발생 시에는 하루에 4,000명 이상을 파견한 발생 직후 1개월부터 4개월에 이르기까지의 장기간이 활동이 최고조에 달한 시기였다. 더욱이 동일본 대지진에서는 재해 발생 후 4개월 시점에서도 행방불명자가 5,340명 있고, 원전사고의 영향이 수습되지 않는 사태도 겹쳤다. 따라서 경찰관의 필요성은 급격하게 저하되는 일 없이 12월 이후에도 1,500명에서 2,000명 규모의 지원이 예상되고 있었다.

3. 의료 관계 직원

의료 관계 직원의 주요 임무는 부상에 대한 치료와 질병예방 등이기 때문에 재해 발생 당일부터 여러 가지 지원이 요구되었고, 지자체 병원 등의 직원에 의한 지원만이 아니라 민간단체 등의 지원도 이루어졌다.

한신·아와지 대지진 때에는 초기 의료체제가 늦어져서 구할 수 있는 수많은 생명을 잃게 하였다는 지적이 있었다. 그렇기 때문에 재해 발생 후 대개 48시간 이내에 재난지역에서 의료활동을 개시할 수 있는 일본판 재해파견의료팀(이하, DMAT라고 표기)이 2005년에 발족하였다. 동일본 대지진에서는 누계 약 1,500명이 3월 11일에서 22일 사이에 의료활동을 하였다.[1] DMAT는 구명활동에 주안점을 두었으나, 동일본 대지진에서는 외상환자가 적고 중증환자의 광역의료우송과 입원환자의 피난도 주요 활동의 한 가지가 되어 재해 발생으로부터 7일간[2]이 가장 수요가 높은 시기가 되었다.

---

1 厚生労働省 DMAT事務局(2011), 〈동일본 대지진에서의 DMAT 활동〉 5월.

2 동일본 대지진에서는 재해 발생 후 48시간의 수요가 적었다고 하는 분석도 있으

도표 3-3. 의료 관계자 등의 파견 인원(팀)의 추이

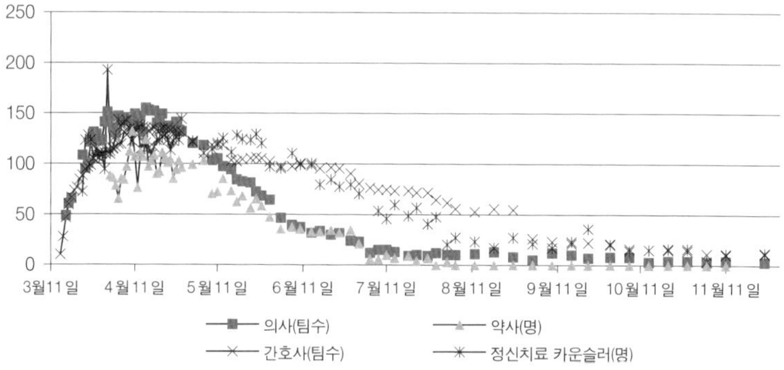

출처: 후생노동성(2011), 〈2011년 동일본 대지진의 피해상황 및 대응에 관하여(제11보-108보)〉를 자료로 필자 작성. 모두 DMAT를 제외함.

그 후에는 폐렴이나 스트레스성 질환 등의 재해 후 관련 질환의 치료와 질병예방의 수요가 높아져 의사와 간호사, 약사 이외에 보건사와 치과의사, 정신치료 카운슬러팀 등의 지원이 필요하게 되었다. 의사와 약사 등의 수요는 재해 발생 후 약 2개월 간이 높고, 그 후에는 서서히 감소하였다. 또 보건사와 정신치료 카운슬러팀은 재해 발생 후 약 3개월 간의 수요가 높고, 그 후에는 서서히 저하하였다.

동일본 대지진에서는 누계 3만 명을 넘는 의료 관계자가 지원에 임하고, 지자체 병원 관계에 한 해도 6월 말까지 의사 1,870명, 간호사 2,560명, 그 외 2,104명이 지원을 행하였다.[3]

나, 부상자의 발생 상황이 불명인 시점에서는 DMAT를 재난지역으로 보낼 필요가 있다.

3 (社)全国自治体病院協議会(2011), 〈東日本大震災における会員病院の支援状況調査(第3回)について〉7月27日. いずれも累計人数.

4. 복지 관계 직원

복지 관계 직원의 주요 임무는 어린이와 요개호자 등의 지원을 하는 것이다. 특히 어린이의 지원에 관해서는 지자체 직원이 하는 역할이 크다. 동일본 대지진에서는 보호자가 생명을 잃게 되거나 보호자가 직장을 잃게 되는 상황이 발생하였다. 따라서 지진재해로 고아가 되거나 어쩔 수 없이 보호자와 떨어져서 생활해야 하는 어린이 등을 보호하기 위해 아동복지사 등의 직원이 필요하게 되었다. 후생노동성의 요청을 받은 각 도도부현 등으로부터 누계 396명의 아동복지 관계 직원이 재난지역에서 활동하였다. 피크는 재해 발생 후, 반개월에서 2개월 간의 기간이며 미야기현으로의 지원은 그 후에도 단속적으로 9월까지 이어졌다.

또, 지진재해로 인해 요개호자의 자택과 입소시설이 피해를 입는 경우가 다수 발생하였다. 그래서, 요개호자의 피난·거주지 이전, 피난소에서의 개호를 지원하기 위해 후생노동성으로부터의 요청으로 사회복지시설 등의 직원이 지원을 담당하게 되었다. 지자체 직원이 직접 지원하는 경우는 드물기는 하지만, 각 도도부현의 사회복지협의회 등으로부터 누계 1,540명[4]의 직원이 재난지역에서 활동하였다.

---

4 厚生労働省(2011)〈平成23年(2011年)東日本大震災の被害状況及び対応について(108報)〉11월 25일.

5. 농림수산 관계 직원·현토정비(토목) 관계 직원

농림수산 관계 직원과 현토정비 관계 직원의 주요 임무는 농업용 시설과 공용 시설 등을 복구하는 것이다. 동일본 대지진으로 많은 시설이 피해를 입긴 하였으나, 재해 발생 직후에는 원격 지자체로부터 인적 지원이 이루어지는 경우가 많지 않았다. 이 시기는 긴급공사를 하는 작업원의 수요가 높고 많은 경우에 각종 재해 시 지원협정 등에 근거하여 국가와 재해를 입은 지자체가 건설업자의 협력과 지원을 얻어 활동하였다.

재해 발생 후 며칠이 경과하자 본격적인 복구작업이 시작되었다. 이것에 관해서는 재해 관계 각 법령 등에 근거하여 공사를 진행할 필요가 있기 때문에 원격 지자체로부터의 지원이 이루어지게 되었다. 재해 발생 후 1, 2개월 간의 응급 가복구 중심의 시기는 지원 직원의 파견기간이 며칠간에서 몇 주라는 단기·중기적인 형태가 많고 그 후의 본 복구 중심의 시기에 들어서자 몇 주간에서 몇 개월의 장기파견의 형태를 많이 취하게 되었다. 현토정비 관계 직원(장기 파견)을 수락한 인원수는 미야기현이 5월 27일자로 누계 96명(예정을 포함하면 120명),[5] 후쿠시마현이 9월 1일자로 누계 77명[6]이라고 공표하였다.

5 宮城県人事課(2011)〈東日本大震災の復旧対策に係る派遣職員辞令交付式について〉, 5月27日.

6 福島県土木企画課(2011)〈東日本大震災の復旧事業等に係る土木建設関係職員派遣について〉, 9月1日.

6. 상하수도 직원

상하수도 직원의 주요 임무는 상하수도의 복구와 급수활동이며 생명의 유지와 위생환경을 지키는 것이기 때문에 활동 수요는 재해 발생 직후부터 상당히 높다.

동일본 대지진에서는 본진과 여진에 따라 누계 약 230만 호에서 단수가 발생하였다. 그래서 사단법인 일본수도협회는 2008년에 작성한 〈지진 등 긴급 시 대응 지침〉 등에 근거하여 구원본부를 설치하고 재해 발생 직후부터 수도관의 복구와 급수활동을 위해 협회와 각 지자체 직원에 의한 지원활동을 개시하였다.[7] 급수활동에 관해서는 3월 중에는 연일 300대를 넘는 급수차가 지원에 임하였으나, 수도관의 복구가 진행된 4월 말까지 거의 완료되었다.[8] 또, 단수 호수는 4월의 여진으로 일시 증가하기는 하였으나, 8월 11일 시점에서는 가옥이 유출되지 않은 지역의 단수 호수는 거의 없어졌다.[9] 수도관의 복구지원에 임하는 직원 수도 이것에 따라 증감하였다.

하수도 직원은 한신·아와지 대지진을 계기로 1996년에 사단법인 일본하수도협회가 책정한 〈하수도 사업에서의 재해 시 지원에 관한 규칙〉 등에 근거하여 원격 지자체로부터도 인적 지원이 이루어졌다. 지원의 피크 시기는 현지조사와 응급 가복구의 수요가 높았던

7 대도시 간에서는 〈대도시 재해 시 상호 지원에 관한 협정〉에 근거하는 지원도 이루어지고 있다.

8 일부 지역에서는 8월까지 급수활동 지원이 계속되었다.

9 8월 11일 시점에서 가옥이 유출되지 않은 지역의 단수 호수는 13호까지 감소하였다.

3월 하순에서 4월 상순에 걸쳐서였으나, 본 복구를 지원하기 위해 도쿄도 등으로부터 12월에 들어가서도 직원의 파견이 계속되었다.

7. 교원

동일본 대지진에서는 많은 학교시설이 손상을 입고, 아동기의 학생들이 복수의 시설에 분산되어 수업을 받게 돼 교사들의 순회지도의 필요성이 생겼다. 또, 가족이나 주거를 잃은 아동생도와 심신 건강회복을 위한 특별지도를 필요로 하는 아동생도의 대응도 필요하게 되었다. 그래서 문부과학성은 재난지역 현 등의 교원 정수를 4월 28일에 383명,[10] 6월 24일에 603명[11]을 더 배치하는 조치를 취하였다. 원격 지자체로부터도 인적 지원을 하게 되어 도쿄도가 누계 90명의 교원을 파견하는[12] 등의 대응을 취하게 되었다.

8. 그 외

행정 직원의 업무는 다양하지만, 재해 이후 수요가 증가한 일로 이재증명업무 등 시정촌의 창구 대응 업무가 있다. 이러한 업무는 전

---

10 文部科学省初等中等教育財務課(2011), 〈東日本大震災への対応のための教職員の加配定数について〉 4月28日.

11 文部科学省初等中等教育財務課(2011), 〈東日本大震災への対応のための教職員の加配定数について〉 6月 24日.

12 東京都教育庁(2011), 〈東日本大震災県への東京都公立学校教員の派遣について(第四次)〉 12月 19日.

도표 3-4. 미야기현의 피난자 수와 피난소 수

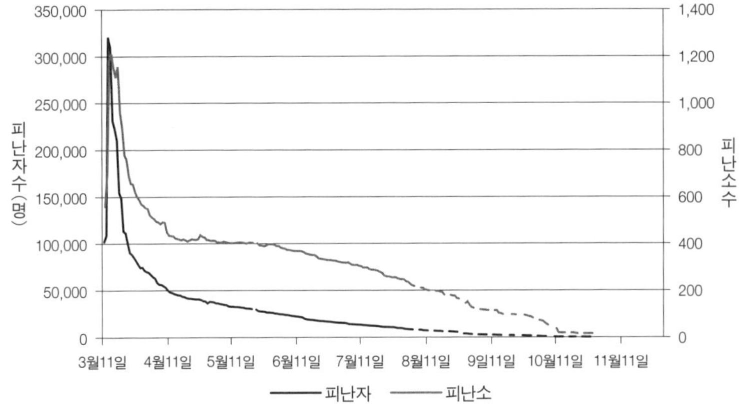

출처: 미야기현 보도발표자료를 참고하여 필자 작성.

국 시장회와 전국 정촌회를 매개체로 하여 인적 지원이 이루어지는 일이 많다. 이재증명은 이재민이 지원금을 수급하고자 할 경우 등에 필요하며 신속하게 교부하는 것이 바람직하나, 동일본 대지진에서는 재해를 입은 가옥이 많고 피해가 광범위에 걸쳐 있기 때문에, 지진재해 발생 후 반년 이상 경과해도 인적 지원이 필요한 상황에 있다. 이 외의 업무를 포함하여 시정촌 직원은 단기파견이 누계 1,148명, 중·장기 파견이 누계 166명[13] 이루어지고 있다.

또 피난소 운영 업무도 재해 직후부터 수요가 높은 업무이다. 동일본 대지진에서는 협조체제 구축에 시간을 필요로 하였기 때문에 본격적으로 업무가 개시된 것은 3월 말경부터였다. 이와테현,

13 全国市長会会長(2011), 〈東日本大震災による被災市町村に対する職員派遣の決定状況一覧について〉 11月24日.

미야기현, 후쿠시마현에 걸친 피난소의 수는 재해 발생 직후에는 1,800개소를 넘기는 하였으나, 1개월 후에는 약 1,000개소, 3개월 후에는 약 500개소[14]가 되어 지원의 수요도 여기에 동반하여 감소하였다.

결론

본 장을 통해 동일본 대지진에서의 직종에 따른 대략적인 경향은 어느 정도 파악되었다고 생각한다. 그러나 재해가 발생한 장소와 시간, 규모와 종류에 따라 경향은 따르다. 향후 재해가 발생하였을 때에는 동일본 대지진을 포함하여 과거의 재해의 상황을 고려한 뒤에 재해의 특징에 맞는 인적 지원을 행함으로써 보다 신속한 부흥이 가능할 것이라고 생각된다.

14 내각부 이재민 지원팀 작성 자료에 의함(경찰청 자료 등을 근거로 작성한 것).

제 4 장 동일본 대지진에 대한 고베시의 조치 및 파견 사례

지원 직원의 파견출발식 모습(고베시 홈페이지로부터)

시마무라 교헤이島村恭平(고베시)

서론

본 장의 제1절에서는 동일본 대지진 발생 시에 고베시가 취한 조치의 개요를 소개하고 또 특필할 만한 조치로 들 수 있는 '일대일 대응 지원'과 '피난자 등록제도'에 관해 소개하고자 한다.

제2절에서는 필자가 2011년 6월에 센다이시 미야기노구에 파견되었을 때에 종사한 '이재가옥에 대한 재해판정 업무'에 관한 사례를 보고할 것이다.

제3절에서는 제1절에서 소개한 것 이외에 특필할 만한 고베시의 조치로서, 한신·아와지 대지진을 경험한 직원 등으로 구성된

'고베시 직원 진재뱅크'에 대해 소개할 것이다.

마지막으로 본 장의 요약으로서 동일본 대지진으로부터의 부흥을 향해, 그리고 장래 발생할 우려가 있는 도카이東海·도난카이東南海·난카이南海 지진, 수도권 직하형 지진 등에 대비하기 위해 지자체 직원에 의한 전국적인 인재뱅크 시스템 구축의 필요성에 관해 제안하고자 한다.

1. 고베시의 조치[1]

고베시에서는 2011년 3월 11일 동일본 대지진 발생 직후부터 긴급소방원조대의 파견과 현지에서의 활동을 지원조정하기 위해 재빠르게 재난지역으로 직원을 파견하기 시작하였고 ①식수 응급급수, ②피난소 운영, ③이재증명서 조사, ④의료·보건위생활동, ⑤정신 치료에 관한 진료상담, ⑥자원봉사자의 활동 지원, ⑦응급가설주택 공급 지원, ⑧도로복구 지원, ⑨재해사정 등 폭넓은 분야에서 합계 1,813명(2011년 12월 19일 현재)의 직원을 파견하였다.

또 물적 지원에 있어서도 재해 다음 날인 3월 12일에 센다이시에 긴급물자 지원으로서 음료수와 담요 등을 보내고, 이후에 재해용 가설 화장실, 빵·크래커·통조림 등의 식료와 기저귀·칫솔 등의 생활용품, 의료품 등을 센다이시, 미야기현, 이와테현, 후쿠시마현

1 제1절의 기술은 마쓰야마 마사히로松山雅樣(2011), 〈고베시의 지원의 특징〉, 《도시정책》 제145호, pp.14-32에 의거한 부분이 많다.

등으로 보냈다.

그 외에도 정보 제공, 자원봉사자 활동 지원, 이재민에 대한 지원, 경제산업활동 지원 등 여러 가지 제도적 지원을 실시하고 있다.

이러한 고베시의 조치 중에서 특필할 만한 사례로서 '카운터 파트형 지원' '이재민 등록제도' '고베시 직원 진재뱅크'를 들 수 있다. 또 '고베시 직원 진재뱅크'에 관해서는 제3절에서 소개하기로 하겠다.

1) 일대일 대응 지원

일대일 대응 지원이란, 재난지역의 지자체별로 재난지역이 아닌 지자체가 담당을 정하여 지원하는 것이다. 대표적인 사례로서는 이번 동일본 대지진의 재난지역 지원을 담당한 간사이광역연합을 들 수 있는데, 피해가 컸던 이와테, 미야기, 후쿠시마의 3현에 대해서 오사카부, 와카야마현이 이와테현에, 효고현, 도쿠시마현, 돗토리현이 미야기현에, 교토부, 시가현이 후쿠시마에 대해 지원을 행하였다.

고베시에서는 카운터 파트형 지원으로서 미야기현 내에서도 특히 센다이시, 나도리시를 중심으로 지원활동을 하고 있다.

센다이시에 대해서는 도쿄도와 전국 19곳의 정령지정도시 간에 의해 체결된 〈20대 도시 재해 시 상호지원에 관한 협정〉에 근거하여 지원을 행하였다. 협정에는 ①식료, 음료수 및 생활필수물자와 그 공급에 필요한 기자재 제공, ②이재민의 구출, 의료, 방역시설의 응급복구 등에 필요한 기자재 및 물자의 제공, ③구원 및 구조활동에 필요한 차량 및 선박 등의 제공, ④구조 및 응급복구에 필요한 의료계직, 기술계직, 기능계직 등 직원의 파견, ⑤그 외 특별히 요청

도표 4-1. 고베시의 동일본 대지진에 대한 지원 상황(2011년 12월 19일 현재)

인적 파견 상황

(1) 실제 인원 수 : 1,813명 (누적합계 : 14,156명·일)

(2) 분야 : 긴급소방원조대, 현지와의 활동지원 조정(현지대책본부), 현지대책요원(피난소운영·이재증명조사 등), 의료·보건위생활동, 정신치료 카운슬러, 자원봉사자 활동 지원, 재해폐기물 처리, 도로재해복구, 하수도복구, 수도응급급수·복구, 교직원 파견, 지역활성화 조언, 응급가설주택 공급지원, 건축물 건설지원, 항만시설복구지원, 구획정리사업 지원, 선거사무지원 등

(3) 파견처 : 이와테현, 미야기현, 후쿠시마현, 지바현, 센다이현, 나도리시, 리쿠젠다카다시, 오고에정, 이시마키시, 시오가마시, 와타리정亘理町, 야마모토정, 미나미산리쿠정, 이와키시 등

물적 지원 상황

(1) 긴급지원물자(총수 22품목 약 50만 개)의 제공(센나이시·이와테현·미야기현·후쿠시마현·이비리키현)

(2) 위로금(500만 엔) 기증(센다이시)

(3) 재해구원모금에 따른 성금(2억 7,000만 엔) 기증(도호쿠 재난지역 3현·6시정)

(4) 구호물자모금에 따른 물자(청수 131품목 약 16만 개, 약 3,400만 엔 상당) 제공

제도적 지원 상황

(1) 정보 제공(종합콜센터에서 문의접수, 홈페이지·트위터에서 정보 제공 등)

(2) 자원봉사자 활동 지원(활동경비조성, 자원봉사자 버스)

(3) 피난자 수락 지원(투석환자에 대한 지원, 응급가설주택 제공, 이재민등록제도, 재난을 입은 아동에 대한 지원, 미나토 고베해상불꽃놀이대회·고베 루미나리에에 초대 등)

(4) 경제산업활동지원(고베공항 착륙료 면제, 고베항 사용료 특별감면, 재해를 입은 기업에 공장 등을 제공, 재해 연구자·연구기관 등 연구 계속 지원)

출처 : 고베시(2011), 〈'고베' 2011년의 일 년간의 주요사건〉에서 발췌.

이 있는 사항을 지원하도록 되어 있다. 본 협정에 근거하여 여러 가지 업무에 직원을 파견하고 있으며, 제2절에서 보고할 '이재가옥에 대한 재해판정 업무'도 그중의 한 가지이다. 또 나도리시에는 재해부흥계획에 관한 조언, 생활재건지원금 제도 등 4항목에 걸친 인적 지원 요청에 근거하여 직원을 파견하고, 센다이시와 같이 종합적인 지원을 행하고 있다.

2) 피난자 등록제도

피난자 등록제도는 동일본 대지진의 발생으로 고베 시내로 피난 온 사람을 등록하고, 등록자에 대해서 ①간호사의 개별 방문에 따른 건강 지원, ②행정 서비스 등의 이용지원, ③피난 지자체에 대한 정보제공, ④피난 지자체에 정보제공(동의를 얻은 세대만) 등의 서비스를 행하는 것이다. 2011년 3월 24일부터 타 지자체보다 솔선수범하여 실시하였고 192세대 475명(2011년 8월 19일 현재)이 등록하였다. 그리고 6월부터 국가의 중점 분야 고용창조사업(긴급고용창출사업)을 활용하여 위탁업무로서 인재파견회사를 통해 3명의 시내 피난자의 고용을 확보하고 시 내 피난자의 시선에서 필요한 정보를 수집하고 정보제공을 하고 있다.

2. 고베시로부터의 파견 사례(이재가옥에 대한 재해판정 업무)

본 절에서는 고베시로부터의 파견사례로서 앞의 절에서 서술한 일대일 대응 지원에 근거하여 2011년 6월에 필자가 센다이시 미야기노구에서 종사한 이재가옥에 대한 재해판정 업무에 관해 보고하도록 하겠다.

1) 센다이시에서의 재해판정 업무

재해판정 업무란, 이재증명서[2]의 신청접수를 행한 신청자의 주거

2 이재증명서는 지진과 풍수해 등의 자연재해에 의해 피해를 입은 건물의 피해 정

등을 조사하여 이재의 정도를 판정하는 것이다. 건물의 종류에 따라 상이한데, 예를 들면 목조건물의 1차 조사(외관 조사)의 경우, ①지붕(10%), ②외벽(80%), ③기초(10%)로 판정항목이 나뉘어져 있어 각각의 피해 상황의 비율을 합하여 전체의 재해 상황을 판정한다(전괴: 50% 이상, 대규모 반괴: 40-49%, 반괴: 20-39%, 일부 손괴: 19% 이하, 피해 없음: 0%). 1차 조사는 한 팀당 2, 3명의 직원으로 조사를 행하고 하루에 20-25동 정도의 판정을 행하게 된다.

또 2011년 10월 23일 시점의 센다이시에시의 건물의 피해 상황은 전괴 26,368동(12,7%), 대규모 반괴 20,996동(10.1%), 반괴 56,810동(27,4%), 일부 손괴 103,230동(49.8%)의 합계 207,404동으로 되어 있다.[3]

2) 업무를 통한 보고

필자는 2011년 6월 13일부터 20일까지의 8일간, '제16차 고베시 재해파견대'로서 센다이시 미야기노구에 파견되어, 이재가옥에 대한 재해판정 업무(1차조사)를 지원하기 위해 출장업무를 행하였다.

미야기노구, 인접한 와카바야시구의 경우는, 연안부의 쓰나미

도를 증명하는 것으로 재해원호자금대부제도, 재해성금, 사회보험료 등의 면제 등 각종지원제도의 적용 기준이 되고 있다. 센다이시의 경우, 발행까지의 흐름은 ①이재증명신청서 접수(각 구청), ②이재신고 증명서의 발행(접수창구에서 당일 발행), ③조사원에 의한 현지조사, ④피해 정도의 인정, ⑤이재증명서 발행(우송으로 교부)과 같다.

3 仙台市(2011), 〈平成23年3月11日東日本大震災 仙台市被害状況〉. http://www.city.sendai.jp/soumu/kouhou/bousai/0311jishin/higaizyoukyou.pdf(最終閲覧日2011年12月27日).

로 인한 피해가 막대하였기 때문에 ①연안부, ②중간 지역, ③내륙부의 크게 3지역으로 나누어 가옥판정 업무를 행하였으나,[4] 재해로부터 약 3개월이 경과하기도 하여, 실제 조사를 행한 ②중간 지역, ③내륙부의 가옥(약 100동)의 대부분은 일부 손괴(약 9할)되었다. 남은 가옥에 대해서도 반괴(약 1할), 대규모 반괴(2, 3동)되었으며, 전괴는 전혀 없었다.

업무에 관한 연수(인계)에 관해서는 ①파견 전에 고베에서 선발대로부터 설명을 듣고, ②현지에서는 교대하는 직원 간에 인계가 이루어지고 있으며, 고베시 직원 간에 계속적으로 업무를 인계하는 것이 가능하였다. 또 당시 미야기노구에서는 고베시(3명) 외에 요코하마시(약 10명), 교토시(약 10명) 등으로부터도 직원이 파견되었으나, 각 단체의 직원이 교대하는 시간을 늦춤으로서(요코하마시, 고베시: 월요일, 교토시: 목요일) 먼저 2, 3일간 업무를 경험하고 있는 타 단체의 직원에 의해 현장에서의 업무 습득이 가능하였다. 이러한 파견 전의 사전 연수, 현지에서의 인계체제는 재해판정 업무만이 아니라, 피난소 운영 등 계속적으로 지원을 필요로 하는 그 외의 파견업무에도 통하는 것이다.

업무에 임하면서 필요하다고 느낀 과제로는 한신·아와지 대지

---

4 ①연안부는 쓰나미에 따른 피해가 컸기 때문에 실제 조사에 의하지 않고 항공사진과 GIS(지리정보시스템)로부터 전괴인지 어떤지를 판정하였다. ③내륙부는 쓰나미의 피해는 없고 지진 단독에 따른 피해지역이기 때문에 이재민의 이재증명신청에 근거하여 개별 조사를 하고 있다. ②중간 지역에서는 쓰나미와 지진의 피해가 혼재해 있기 때문에 항공사진 등에 따른 조사와 개별조사의 병용에 따라 피해 판정을 하고 있다.

도표 4-2. 건물 피해인정 조사의 구역 구분

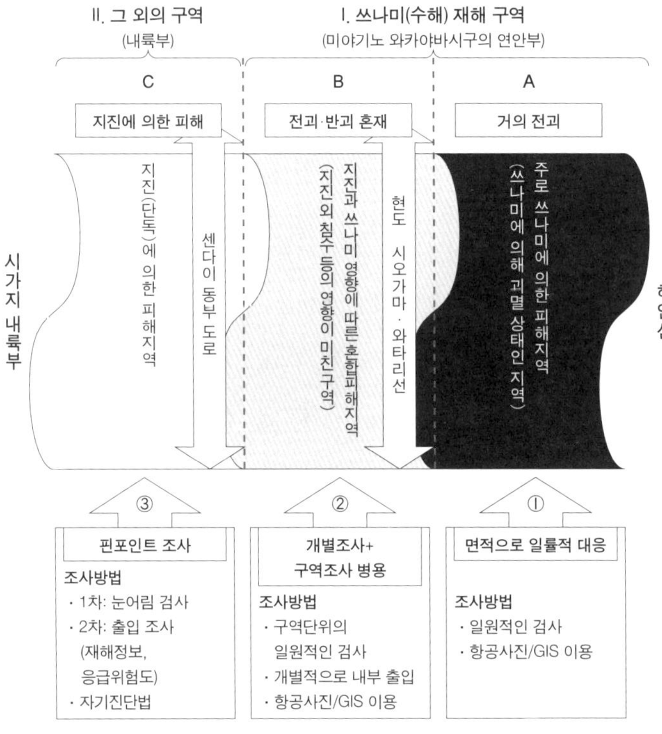

출처: 센다이시 소방국 안전부 방재안전과·재정국 세무부 자산세과 자료(2011년 4월 14일)로부터 발췌.

진 때의 고베시에서 피해가 컸던 지역의 재해 판정은 신청의 유무에 관계 없이 단기간에 모든 호수의 조사를 실시하였으나,[5] 이번 센다이시에서는 앞에서 서술한 대로, 연안부의 쓰나미 피해가 컸던 곳을 제외하고 신청에 근거하여 한 동씩 재해판정을 실시하였다.

5 神戸市(2009), 〈阪神·淡路大震災復興資料集-り災証明〉. http://www.city.kobe.lg.jp/safety/hanshinawaji/data/keyword/50/k-9.html(最終閲覧日2011年12月27日).

그렇기 때문에 사무 처리, 실제 조사의 이동시간 등으로 필요 이상으로 시간이나 수고를 들인다고 생각되었다. 이 점에 관해서는 7월 중순부터의 피해 상황을 알 수 있는 사진을 지참한 경우의 일부 손괴의 판정에 관해서는 실제 조사를 생략하여 이재증명서을 발행할 수 있게 되어 신청부터 발행까지의 기간이 약 1개월 반에서 10일 정도로 단축되었다.

이러한 업무에 있어서의 과제 및 대응사례에 관해서는 기록으로서 남기고 그와 동시에 그 업무에 종사한 경험이 있는 자를 데이터베이스화하는 것이 중요하다. 이때에 참고가 되는 것이 한신·아와지 대지진을 경험한 고베시 직원 등으로 구성된 '고베시 직원 진재뱅크'이다.

3. 고베시 직원 진재뱅크

제1절에서는 고베시의 특필할 만한 조치에 관해 소개하였는데, 한 가지 더 특필할 만한 시도로서 '고베시 직원 진재뱅크'가 있다.

고베시 직원 진재뱅크는 한신·아와지 대지진 때에 국내외로부터 많은 지원을 받은 경험, 재해로부터 얻은 교훈 등, 고베시 직원의 재해 체험과 경험을 차세대로 이어 가는 것을 목적으로 설치하였고, 직원의 지속적인 재해대응 능력 향상과 위기관리 능력의 향상을 꾀하기 위한 것이다. 진재뱅크에는 '재해대책본부의 운영' '피난소의 설치·운영·폐쇄' '이재증명'등 37가지로 크게 분류되어 있으며 약 3,500명이 등록되어 있다.

이번 동일본 대지진에 대한 인적 파견을 행할 때에 고베시는 직원 진재뱅크를 참고로 하여 가능한 한 초기 단계에서 능력·경험을 가진 직원을 파견하고 있다. 예를 들면 한신·아와지 대지진 당시 급부금 사무를 담당했던 과장급 직원이 나도리시 피난소에서 재해조위금 등 각종 급부금의 설명 사무를 맡거나, 구획정리와 시가지 재개발을 담당한 경험이 있는 직원이 나도리시의 부흥계획 만들기에

표 4-3. 고베시 직원 진재뱅크(대분류)

01 재해대책본부의 운영	21 광청広聴, 상담
02 재정	22 라이프라인의 복구
03 정부, 학회 등의 시찰 등에 대응	23 교통
04 자원봉사자 수락	24 교육
05 구재해대책본부의 운영	25 부흥계획
06 피난소의 설치, 운영, 폐쇄	26 생활재건지원
07 구호물자의 수락 및 분류	27 보건복지
08 의료	28 재해급부
09 위생	29 공공건축물의 복구, 부흥
10 보건	30 주택 부흥
11 소방	31 경제
12 2차재해의 방지	32 고베항
13 응급가설 주택	33 도시계획
14 주택 응급수리	34 영선(복구)
15 보호를 필요로 하는 자에 대한 대응	35 문화재
16 외국인에 대한 대응	36 시회
17 환경	37 선거
18 영선(복구)	
19 공원녹지의 복구	
20 이재증명	

출처: 고베시 위기관리실의 자료에 근거하여 필자 작성.

조언을 하거나 하였다. 이러한 지원에 대해 나도리시의 사사키 이치주로 시장은 "고베 사람들은 필요로 하는 중요한 사항을 잘 알고 있다"고 하며 감사의 마음을 전하였다.〔《아사히신문》 2011.4.30. 석간〕

또 지금까지도 니이가타현 주에쓰 지진(2004년), 중국 쓰촨성 대지진(2008년) 등이 발생하였을 때 고베시 직원 진재뱅크의 데이터베이스를 활용하여 직원을 파견하였다. 한편 진재뱅크 등록은 재해 당시 재직하고 있고, 조사일 시점에 재직하는 상근 직원을 대상으로 하였기 때문에 재해로부터 15년째를 맞이하여 20세대의 젊은 직원은 대상이 되지 않고 등록자의 연령 구성도 고령화하여 등록자 수도 점차 감소하고 있는 상황이다.

결론—전국적인 인재뱅크 시스템 구축으로

이번 동일본 대지진의 재해파견을 통해 전국의 수많은 지자체 직원이 재해 대응 업무를 경험하게 되었다. 고베시의 싱크탱크인 재단법인 도시문제연구소가 설치한 '동일본 대지진으로부터의 복구·부흥에 관한 프로젝트팀'으로부터 동일본 대지진의 복구와 부흥에 있어서, 재해 대응경험이 있는 전국의 지자체 직원과 직원 OB를 대상으로 한 '진재인재 뱅크 시스템'의 필요성에 대한 제언이 이루어졌다.[6]

6 東日本大震災からの復旧·復興に関するプロジェクトチーム(2011), 〈東日本大震災からの復旧·復興に関する第一次提言〉, 《都市政策》 第145号, pp.61-71.

또 가까운 미래에 도카이·도난카이·난카이 지진, 수도권 직하형 지진 등의 발생이 예상된다. 그때 주민의 생명을 지키고 피해를 최소한으로 하기 위해 지자체 직원의 광역적인 지원체제가 필요하며, 그 기반으로서 '전국적인 지자체 직원 인재뱅크 시스템'을 구축해야 한다. 그때 유의해야 할 것은 업무 분류, 구축 후의 유지 등도 중요하지만 운용체제(지자체 간의 지원 규칙)에 대해서 정확하게 정해 두어야 할 것이다. 이 점에 관해 지정도시 시장회에서는 '광역·대규모 재해 시의 지정도시 시장회의 확인사항'[7](2011년 10월 31일)으로서 지원방법은 대구지원을 기본으로 하고, 지원방침에 대해서는 개괄적인 기준으로서 ①응급·복구기, ②복구·부흥기, ③부흥기의 3시기로 구분할 것을 규정하고 있다. 향후에는 이 확인사항을 실시하기 위한 절차 등에 대해서 '행동계획'(가칭)에 정하게 되어 있어 향후의 동향에 주목하고자 한다.

마지막으로 본 장을 집필하면서 재해 시 지자체 직원이 해야 할 사명에 대해 다시금 생각할 수 있었다. 향후에는 지자체 직원의 한 사람으로서 매일매일 업무를 처리할 때에 위기관리의 시점을 잊지 말고 직무에 힘쓰고자 한다.

7 指定都市市長会(2011)〈広域·大規模災害時における指定都市市長会の確認事項〉. http://www.siteitosi.jp/conference/honbun/pdf/h23_11_04_01_04.pdf#search='指定都市市長会確認事項'(最終閲覧日2011年12月27日).

제 **5** 장

재해 시의 의료체제와 지원활동의 실태

야오시립병원의 JMAT 활동으로부터

이와테현 도노시

보쿠이 아키라朴井晃

서론

필자는 일본의사회 재해의료팀 JMAT(Japan Medical Association Team)의 일원으로서 이와테현의 의료활동에 참가하였다. 활동 자체는 2011년 5월 27일부터 29일까지의 3일간의 아주 짧은 기간으로, 재해를 입은 이들에게 무엇인가 더 도움이 될 수 있었더라면 하고 자책하지 않을 수 없었다. 그리고 한편으로, 이 기간에 본 것, 들은 것, 느낀 것은 아주 충격적인 것이고, 이 경험을 바탕으로 향후에도 어떤 형태로든 도움될 일을 하는 것이 인간적으로나 지자체 직원으로서나 해야만 할 사명이라고 느끼고 있다. 따라서 본 장에서는 재해의료에 관해 설명하고 아울러 이번 의료활동에서 얻은 경험에 관해 총괄하겠다.

1. 재해의료란

의료계는 지금까지 많은 재해의료 현장에서의 체험을 통해 재해의료장치를 구축해 왔다. 재해가 발생하였을 때, 서둘러 현지에 가고자 하는 마음으로 계획 없이 의료활동을 하는 것은 결과적으로 재해지의 의료활동에 혼란을 가중시킨다고 한다. 또 재해의료는 예를 들어, 의사 혼자서 활동해도 기능적인 활동이 되지 않으며, 간호사와 약사만 있는 경우에도 의사의 지시가 없으면 처치와 처방을 할 수 없으므로 의사 없는 활동은 의미가 없다. 그렇기 때문에 재해의료의 원칙은 팀을 이룬 활동을 기본으로 하고 있다. 또, 중복되거나 공백지역을 만들지 않고 활동하기 위해 의사회와 간호협회 등의 의료종사자의 단체가 팀을 통괄하는 기능을 발휘하여 사령탑으로서의 역할을 하는 것이 중요시되고 있다.

그래서 현재는 대규모 재해 등이 발생하였을 때, 즉시 DMAT (Disaster Medical Assistance Team)이라고 불리는 재해파견의료팀이 결성되어 재난지역으로 파견된다. 독립행정법인 국립병원기구 재해의료센터 내에 설치되어 있는 DMAT사무국에 따르면 DMAT라고 하는 것은 '재해급성기에 활동할 수 있는 기동성을 가진 훈련을 받은 의료팀'이라고 정의되며, 팀은 의사, 간호사, 사무조정원(의사, 간호사 이외의 의료직 및 사무직원)으로 구성된다. 재해의료 현장에서 사용되는 급성기란, 즉시 병의 증상이 나타난 지 얼마 되지 않아 그에 대한 처치나 수당 등이 필요한 환자가 대량으로 발생하는 초기의 시기를 말하며 환자의 중증도 등을 지켜보며, 치료의 우선순위를 정하면서 의료활동을 행한다.

일본의 DMAT는 후생노동성에 의해 2005년 4월에 발족한 것으로 그 역사는 그리 길지 않다. 그 계기는 한신·아와지 대지진이었다. 한신·아와지 대지진에서는 초기 의료체제가 지체되어 평상시의 긴급의료레벨의 의료가 제공되었다면 구할 수 있었을 '피할 수 있었던 재해사'가 500여 명 존재했을 가능성이 있었다고 나중에 보고되었다. 이 교훈을 살려서 행정기관, 소방, 경찰, 자위대와 연대하면서 구조활동을 병행하고 의사가 재해현장에서 의료를 행할 필요성을 인식하게 되어 독자적으로라도 많은 생명을 구하겠다는 생각에서 결성되었다.

한편 DMAT가 행하는 급성기의 활동이 완료한 후의 과제는 초기의 급성기를 벗어난 재난지역에 대한 의료 제공을 어떻게 할 것인지이다. 이번 재해의 특징은 쓰나미 재해이며, 한신·아와지 대지진 때와 같은 초동의 급성기의 환자는 그다지 많지 않았다는 보고가 있는 한편, 전국적인 의사 부족 속에서도 특히 그 상황이 심각했던 도호쿠지방을 지진이 직격하여 지역의 거점인 공립병원과 진료소 등도 괴멸적인 타격을 입었다. 때문에 초동의 급성기를 벗어난 후의 치료를 받는 아급성기·만성기의 의료 지원이 특히 필요한 상황이었다. 그래서 일본의사회는 일본의사회 재해의료팀, 이른

바 JMAT를 결성하여 재난지역으로 파견하게 되었다. 일본의사회는 2011년 3월 15일에 그 개요를 발표하고 당시의 재해 상황으로부터 하루에 약 100팀이 필요하고 1팀은 3-7일간 활동하며, 팀은 의사 1명, 간호사 2명, 사무직원 1명 등으로 구성되어 도도부현 단위의 의사회를 통해서 많은 의료 종사자에게 참가를 촉구하였다. 또 JMAT는 일본의사회의 구급재해의료대책위원회 보고서(2010년 3월)에 따라 JMAT 구상으로서 정리되었으나, 기관이 결정되기 전에 발생한 이번 재해로 인해 일제히 활동에 나서게 되었으며, JMAT로서의 파견은 처음이었다.

표 5-1. 재해의료지원의 단계

단계	내용
급성기 : DMAT의 활동	• 재해파견의료팀에 관한 사항 • 한신 대지진을 계기로 2005년 7월 4일에 후생노동성에 의해 발족 • 의사, 간호사, 업무조정원으로 구성되어 대규모 재해와 다상병자가 발생한 사고 등의 현장에 급성기(대략 48시간 이내)에 활동가능한 기동성을 가진 전문적인 훈련을 받은 훈련팀
만성기 : JMAT의 활동	• 일본의사회가 결성한 재해의료팀에 관한 사항 • 급성기를 벗어난 재난지역의 의료 지원으로서 재난지역 병원 · 진료소의 일상 진료에 대한 지원(구호소 등의 의료를 포함)을 행함 • 2010년 3월 일본의사회가 구상했으나, 이번 재해를 입은 후 신속하고 구체적으로 결정되어 처음으로 파견 • 의사·간호사·사무직원 등으로 팀을 구성하고 한 팀이 3일에서 1주일간 쉬지 않고 파견
복구기 : 의료지원의 철수	• 재해지원은 극진하게 제공하면 된다는 것이 아니라, 지역의 의료재생을 돕는 것이다. • 지역 의료의 로드맵을 그리고, 지역의 의향을 존중하며, 일정한 해결될 전망이 서는 단계에서 철수(=지역 의료의 복구가 중요)

출처: 필자 작성.

더욱이 지원활동은 어디까지나 지원이며 영속적인 활동이 아니며, 재해의료는 만성기의 일정 기간의 지원활동 후 복구기에는 지원팀이 철수하게 된다. 그 타이밍을 끝까지 지켜보는 것이 중요하기 때문에 지역의 의료재생을 향한 로드맵을 지역의 의료자, 지원자가 구상하고, 그 공정에 따라 원활하게 복구와 부흥을 향한 흐름으로 유도하는 것도 지원의 일환으로 검토된다.

2. 야오시립병원 JMAT의 활동

오사카부 의사회의 재해의료팀의 파견은 일본의사회가 할당한 것으로 이와테현으로 정해졌다. 오사카부 의사회는 3월 22일부터 25일까지 선발대를 파견하고 현지 재해대책본부와 현지의사회 등과의 조정에 따라 이와테현 오고에정의 피난소, 구호소에서의 아급성기·만성기의 의료를 담당하는 것으로 정해져서, 의사와 간호사, 그 외 의료 종사자, 사무를 한 팀으로 하여 3월 말에 모집이 시작되었다. 또, 이와테현에는 홋카이도, 아오모리, 아키타, 도쿄, 간토고신에쓰, 오사카·와카야마의 의사회가 JMAT를 보내도록 되어 있었다.

모집은 지역의사회와 병원협회 등의 복수의 루트를 활용하여 이루어졌으며, 파견은 2팀을 한번에 파견하고, 활동 기간은 3일 전후로 조정하게 되었다. 팀의 편성이 어려운 경우는 개인으로 참가자를 모아서 팀을 결성하도록 하였다. 야오시립병원에서는 즉시 병

사진 5-1. 데라노 체육관 피난소 내의 구호소 의료환경

원 내의 지원 희망자를 모집하여 2팀〔의사 2명(내과의사·소아과의사), 간호사 2명, 약사 2명, 사무직원 2명의 합계 8명〕의 편성을 행하고, 지역의사회인 야오시의사회 및 가맹하고 있는 오사카부 병원협회를 경유하여 오사카부 의사회에 신속하게 지원참가 희망을 신청한 결과, 야오시립병원은 오사카부 내의 공립병원으로서는 유일하게 JMAT로서의 의료팀을 파견하게 되었다.

활동은 2011년 5월 27일부터 29일까지의 3일간, 이와테현 오고에초 데라노 체육관 피난소 내에 설치된 구호소와 현립 오고에병원 가설 진료소에서 진료 지원을 하는 2가지의 임무가 주어졌다. 현립 오고에병원에 대한 지원은 의사 한 사람이 하고, 그 외의 멤버는 데라노 체육관의 구호소에서 지역에서 개업한 진료소를 쓰나미로 사

용할 수 없게 된 의사(이하, 지역의사)의 진료를 지원하게 되었다.

데라노 체육관의 진료 공간은 〈사진 5-1〉에서와 같이 공간 구분이 없는 피난소의 일각을 진료 공간으로 하며, 책상 3대와 의자, 그리고 링거용의 침대 등을 간편하게 배치하고, 주위를 100명 이상의 이재민을 수용 가능하도록 장소를 확보하고 있다.

피난소에는 아침 8시 넘어 간단한 사전 회의를 한 후에, 진료를 개시한다. 재해로부터 2개월 이상이 경과하였기 때문에 진료를 받으러 올 수 있는 사람은 많아야 30명 정도로 그 대부분이 고혈압 등의 만성질환으로 치료를 계속해야 하는 고령자들이었다. 그렇기 때문에 지금까지 지역의사에게 진료받기를 원하는 사람들이 많고, 약 처방이 중심이고, 처치를 하는 경우는 드문 편이었다. 지원을 위해 들어간 팀 멤버들로서는 더 많은 진료 희망자를 받아들이고 싶은 생각은 있으나, 진료 시간을 너무 확보해 버리면, 지원팀이 철수한 후의 진료에 악영향을 끼칠 것을 고려하여, 현지의 의향으로 16시로 진료를 끝내게 되었다.

17시부터는 가마이시 의사회 재해대책본부에서 이루어진 의료 관계자가 모두 만나는 대책회의가 개최되었기 때문에 인접하는 가마이시시까지 이동한다. 오고에초와 가마이시시는 같은 의료권이고, 가마이시 의사회의 의사가 통괄하여 각 구호소와 진료소, 정신치료 카운슬러팀으로부터의 진료 인수와 인플루엔자, 감염증의 발생 상황 등의 보고, 또 문제가 되고 있는 현상의 제시와 그 대책에 관한 협의, 본부로부터의 의료환경 개선에 대한 진척상황 전달 등이 이루어진다.

이 조정회의에 의한 정보 교환이 의료의 중복과 공백을 없애고 필요한 의료 수요에 정확한 대응이 가능하게 함으로써 아주 중요한 장이 되었다.

3. 피난소의 상황

피난소로 사용된 데라노 체육관에는 최대 600명의 사람들이 피난하고 있었다고 하며, 5월 말에는 약 130명의 사람이 생활하고 있다. 피난소는 이미 많은 식료와 물품이 공급되고 있으며, 주말에는 많은 자원봉사자가 위문활동이나 밥을 지어 제공하기 위해 방문하였다. 쓰레기 분리수거도 화장실 등의 청소도 잘 이루어지고 있어 청결한 환경에서의 생활을 보내고 있는 것 외에, 무료전화·인터넷·만화책 등의 비치도 이루어졌다. 또 우편 집배도 규칙을 만들어 이재민 쪽에서 접수를 운영하는 등의 환경정비가 이루어져 있으며, 상상한 것 이상으로 담담하게 생활을 하고 있었다. 그러나 주위에 대해 신경을 쓰기 때문인지, 별로 큰 목소리로 이야기를 하는 경우도 없고 조용한 속에서 시간을 보내고 있었으나, 가족과 지인을 잃은 슬픔과 그리고 길어지는 피난소 생활로부터의 피로와 불안을 많은 이들에게서 느낄 수 있었다.

지역의 의사 자신도 자택이 쓰나미로 휩쓸려 간 이재민이다. 마을의 중심부에 자택을 겸한 4층 건물의 의원을 개업한 지역의사는 쓰나미를 피하기 위해 직원과 함께 AED(자동제세동기)와 왕진용 진료가방 등 최소한의 물건을 가지고 옥상으로 피신했는데, 곧이어 3층 부분까지 한번에 쓰나미가 덮쳤다고 한다. 다음 날 12일에 자위대의 헬리콥터가 구출하여 피난소에 내린 후, 즉시 진료를 개시하여 그때부터 계속 체육관에 머물면서 매일같이 진료를 받으러 오는 환자와 피난소 내의 환자를 구별하지 않고 고군분투의 상태로 24시간 진료를 계속하였다.

지역 의사는 '지역민들에게 지금까지 입은 은혜를 되돌릴 수 있다면'이라는 마음으로 자신도 피난소 생활을 하면서 무상의 진료를 하였다. 지역의료에 대한 사명감을 강하게 느낀 이야기를 아주 많이 들을 수 있었다. 또 재해지원 팀의 멤버에 대해서는 '재해지를 보았으면 한다' '재해 상황을 들려주겠다'는 사명감을 가지고, 재난지역을 자동차로 수차례로 나누어 전원을 안내하고, 자신이 촬영한 밀려오는 쓰나미 사진을 보여 주면서 그때의 상황을 이야기하였다. 더욱이 내방하는 환자의 재해 체험을 끌어내는 대화에서 여러

표 5-2. 재해의료 지원과 이번 오고에정에서의 지원

의료수요	의료지원	외부 기관	지역의료기관 · 의사
급성기	DMAT	이와테현 내에 94팀 3/11-19	현립병원 · 진료소 전면 피난소에서 활동
만성기	JMAT	오사카 : 오고에정에 26팀 3/22-5/31 타현 JMAT팀 등	지원을 받으면서 가설 진료소에서의 진료 재개
복구기	철수	일본적십자병원에 의한 순회	가설진료소에 의해 지역 의료기관에서 대응
부흥기			현립병원을 중심으로 진료소도 본격적인 시설에 의한 의료 제공

출처: 필자 작성

가지 재해 체험을 들을 수 있었다. 재해를 입은 분들로부터는 생생하고 처절한 체험담을 들을 수 있었다. 그러나 모두의 이야기에 비장감이 없고 무언가 꿈 이야기를 하는 것 같은 담담한 모습이 오히려 재해의 참담함을 연상시켰다.

또 지역의사들이 입버릇처럼 말하는 '나는 대단한 일은 하지 않았다' '힘든 사항은 별로 없다'라는 말에는 숙연해진 기분이었다. 재해를 입지 않은 우리들에게도 무언가 더 가능하지 않을까라는 사명감을 느꼈고 공헌해야겠다는 생각이 들게 하였다.

4. 지자체 직원으로서 요구되는 것

이상과 같이 이번 재해의료팀의 일원으로서 파견되어 보고 들은 것, 느낀 점을 서술하였다.

이번 야오시립병원으로부터 파견된 직원은 물론 재해지원에 관계되는 모든 사람은 강한 사명감을 가지고 활동에 참가하고, 많은 경험을 가지고 돌아갔다고 생각한다. 지역 의사의 활동도 사명감을 강하게 인식시키는 것이고, 자원봉사자로 재난지역을 방문한 사람도 자위대원의 애쓰는 모습도 부흥에 대한 염원을 담은 사명감을 증명하는 활동임에 틀림없다. 재해의료의 키워드는 정말이지 사명감 외에는 없다고 생각한다. 사명감이란 '주어진 임무를 이루어내려고 하는 기개와 책임감, 특히 그 임무에 각별한 의의와 자긍심을 가지고 임할 경우의 감정을 말한다'(일본국어대사전)라고 되어 있다.

향후 도카이, 도난카이 등 지진 위험 지역으로 상정되는 곳에서 대지진이 발생할 경우, 지자체 직원에게는 피난소의 개설과 식료 확보, 라이프라인의 복구 등 큰 책무가 발생한다. 또 다수의 중증환자가 발생했을 때에, 공립병원 등 지역의 중핵병원을 중심으로 의료기능을 어떻게 다시 살리고, 치료를 행할 것인가에 대해서, 지자체는 어떻게 관계할 것인가, 많은 교훈을 이번 대지진은 제기하고 있다.

지자체 직원은 평상시부터, 지역사회에 공헌하려는 강한 사명감을 가지고 있는 것은 물론, 실제 재해 발생 시에는 선두에 서서 애쓰는 사명감을 항상 의식하고 있다고 생각한다. 그 사명감을 지자체 직원의 절대조건으로 삼아야 할 것이다. 끝으로 이번 재해를 계기로 향후의 지자체에서 재해 대책의 재고를 하면서 특히 마음에 담아 두어야 할 구절을, 지역 의사의 이야기 중에서 소개하고자 한다.

'재해현장에서는 예상 불가능한 일이 연속해서 일어나기 때문에 그때마다 최선을 다하였다.'

'최선을 다함으로써 결과적으로 많은 분들의 협력과 지원을 얻을 수 있었고, 어떻게 해서든 최악의 사태를 빠져 나왔다.'

물론 준비를 소홀히 해도 좋다는 것이 아니다. 지역의사에게 안내를 받은 각 지역에는 쓰나미 상정 구역이 광범위하게 설정되어 있어 그 대비가 어느 정도 이루어져 있었다는 인상을 필자는 받았다. 그러나 그것은 절대적인 것이 아니고, 최종적으로 중요한 것은 현장에서의 판단이며 그 판단은 사람이 행하는 것이라고 이해하였다.

거의 모든 지자체에서는 이미 방재매뉴얼과 재해 시 의료의 방향이 정해져 있다. 향후 피해 상정과 매뉴얼 등의 재고가 진전되리라 생각되나, 이번 재해 대응에서 구축한 현지의 경험을 도입하여 더욱 만전을 기하리라 기대하고 있다. 더욱이 재해 시의 의료를 지탱하는 기본은 결코 매뉴얼 등이 아니라 한 사람 한 사람의 최선의 판단과 최선을 다하는 사명감이라는 것을 실감하였다. 전국의 지자체 직원이 다시 한 번 스스로를 주시하고, 각자의 사명감을 새로이 해 나가는 계기를 갖는 데 본 장이 도움이 되었으면 한다.

제 6 장

동일본 대지진 발생 시에 후쿠이현이 실시한 정책 사례

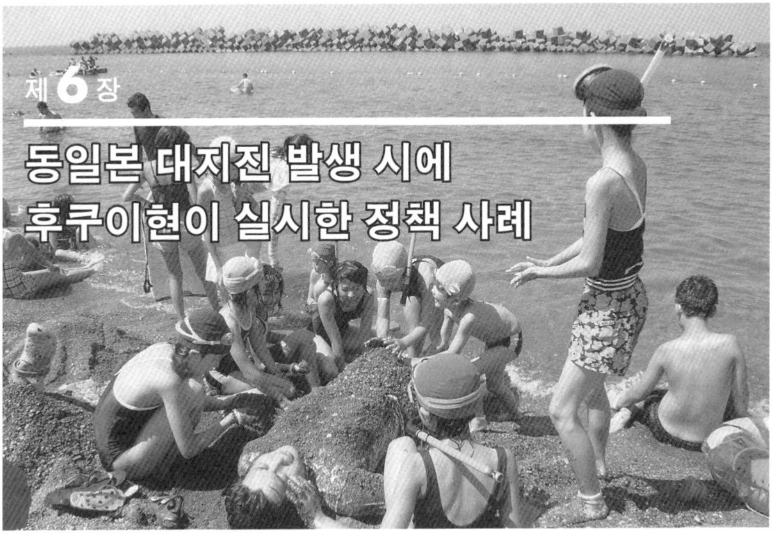

후쿠시마 어린이들의 여름캠프(후쿠이시 덴가殿下지구 제공)

아라키 가즈오荒木一男

서론

3월 11일, 14시 46분, 산리쿠 앞바다를 진원으로 하는 동일본 대지진은, 후쿠이현에도 큰 영향을 끼쳤다. 흔들림이 길고 계속되는 중에 직원들은 즉시 지진정보에 관한 방송을 보기 위해 텔레비전을 켰다. 후쿠이현 청사의 7층부터 위로는 이유를 알 수 없는 현기증과 구토로 고생한 직원도 있었다.

지진 발생으로부터 14분 후의 15시 0분, 각 부국의 장들이 출석하는 첫 번째 대책회의가 개최되었고 후쿠이현 내의 피해 상황의 파악과 재난지역으로의 인적 지원 등에 관한 이야기가 신속하게 오고 갔다. 그리고 18시 11분, 현 직원의 제1진이 재난지역으로 파견되었다. 그 후에도 파견은 단속적으로 이루어져, 2012년 2월 29일 현재, 현 직원, 경찰, 소방, 병원 관계자 등 누계 약 3,000명이 재난지역으로 파견되었고, 그중 약 600명이 현 직원이었다.

본 장에서는 이번 재해에서의 후쿠이현의 직원 파견 상황을 명백히 하고자 한다. 우선 후쿠이현의 재해에 대한 기본 입장에 대해 과거 재해 시의 니시카와 가즈미西川一誠 지사의 발언과 기고를 바탕으로 서술하고자 한다. 다음으로 재난지역으로의 인적 지원에 관해 전체적으로 개관하고 후쿠이현의 특색에 관해서 자세하게 살펴보고자 한다.

1. 재해에 대한 기본 입장

후쿠이현은 2004년의 '헤이세이 16년 7월 후쿠이 호우' 2006년의 '헤이세이 18년 폭설' 등 최근 수년간 여러 가지 재해를 입었다. 또 2006년의 북한 탄도미사일 발사 사안과 같이 외부로부터의 무력공격의 위협도 있었으며, 이러한 위기가 있을 때마다 대책을 강구해왔다. 이러한 재해와 위기 발생 시에 후쿠이현은 최초동과 현장주의를 가장 중요하게 생각하였다. 최초동과 현장주의에 관해서 구체적으로 밝히고자 한다.

1) 최초동最初動

최초동이란 초동의 전 단계를 가리킨다. 니시카와 지사는 이번 후쿠시마 제1원전 사고를 거론하며, 최초의 지진동 또는 쓰나미로 인한 제1격와 모든 전원 상실에 따른 원자로 냉각기능의 소실에 이르는 제2격까지를 최초동의 기간으로 정하여, 그 상황 아래에서 당사자가 가능한 것을 어디까지 실행할 수 있는가에 위기관리의 성공 여부가 달려 있다고 하였다.[1] 그리고 이 최초동을 성공시키기 위해 필요한 행동에 관해 ①프로액티브(이제까지의 형식에 얽매이지 않고 예상하여 행동하는 것), ②오버 액티브(처음부터 조금씩 내는 것이 아니라 큰 보자기를 풀 듯 대응하는 것), ③전체를 조망한 뒤에 대응하는 것, ④스피드를 지속시키는 것의 4가지를 들고 있다.[2]

구체적인 대응에 관한 예로서, 북한 탄도미사일 발사 사안을 들겠다.

2006년 7월 5일, 북한은 동해로 미사일 발사 실험을 행하였다. 오전 5시경, 방재 담당 직원은 텔레비전으로부터 미사일 발사 정보를 지각하였다. 긴급연락망을 통해 지사에게 정보를 전했고, 지사는 5시 11분, 후쿠이현 국민보호계획에 따라, 국민보호대책연락실을 설치하였다.

이 연락실을 설치하기 위해서는 평상시에 무력공격사태 등[3]과

1 西川一誠(2011), 〈災害における最初動の構造〉 ISSEI ESSAY 602号. http://www.nishikawa-issei.com/essay602

2 西川一誠(2006), 〈国民保護·自然災害などあらゆる危機対策について-最初動の重要性〉, 《消防防災》 秋季号.

3 '무력공격사태 등'이라는 것은, 무력공격사태(무력공격이 발생한 사태 또는 무력공격이 발생할 명백한 위험이 절박하다고 인정되기에 이른 사태) 및 무력공격예측사태(무력공격사태에는 이르지 않았으나, 사태가 긴박하여 무력공격이 예측되기에 이른 사태)를 말한다.

관련되는 징후에 관한 정보를 입수할 필요성이 있다. 니시카와 지사는 "이번이 (무력공격사태 등에) 해당하는가에 관한 논의는 있었으나, 보다 리스크가 많은 쪽을 상정한 후에 어찌되었든 재빨리"라는 생각이 있었다'[4]라고 하였는데, 최초동의 행동방법을 나타낸 하나의 패턴이라고 할 수 있지 않을까?

2) 현장주의

재해 발생 시에 중시하고 있는 또 한 가지는 '현장'이다. 2004년의 '헤이세이 16년 7월 후쿠이 호우'가 발생했을 때에 니시카와 지사는 재해 발생 다음 날부터 재난지역으로 이동하여, 통행이 제한되어 육로가 절단된 집락에는 자전거를 타고 현지방문을 하였다.[5] '구체적인 피해 상황, 재해 현장의 먼지와 악취를 직접 느끼고, 지역민의 목소리를 듣는' 것을 실행함으로써, "서둘러야 할 사항이 늦어지거나, 기동력의 투입량이 불충분하거나 하여, 현장의 감정에 응한 충분한 시책이 강구되지 못하는 것을 막을 수 있었다"고 한다.[6]

이상 후쿠이현의 재해에 대한 기본 방침을 최초동과 현장주의라는 개념을 통해 지금까지의 실례를 근거로 명백히 하였다. 그러면 동일본 대지진 때에 후쿠이현은 어떻게 인적 지원을 행해 왔는지에 관해 구체적으로 검토하고자 한다.

---

4 西川一誠(2006), 〈国民保護·自然災害などあらゆる危機対策について-最初動の重要性〉, 《消防防災》 秋季号.

5 위와 같음.

6 西川一誠(2004), 〈県民とともに進む改革〉 内外情勢調査会講演, 9月7日.

표 6-1. 지금까지의 활동실적(당일의 활동자 수를 포함)

현	활동 내용	활동자수(명)	활동 내용	활동자수(명)
이와테현	# 현 안전환경부	30	농업토목 재해복구 직원	5
	# 현 자원봉사 선견대	12	현경 광역긴급구조대(형사)	40
	# 재해 자원봉사대	723	현경 지역부대	54
	# 재해 자원봉사대 동행현 직원	85	현경 피난소 대책부대	5
	# 어항 시설재해복구 직원	6	일본 적십자 구호반	72
	# 대학연대리그 자원봉사대	72	후쿠이시 급수차(4t)	24
	# 대학연대리그 자원봉사대 동행 현직원	1	에쓰젠시 급수차(2t)	12
	긴급소방원조대	327	사바에시 급수차(2t)	12
	긴급소방원조대 동행현직원	4	†가쓰야마시 간병지원팀	56
	현경 경비부대	106		
				계 1646명
미야기현	# 현 안전환경부	33	현경 경비부대	161
	# 현 자원봉사 선발대	6	현경 광역긴급원조대(교통)	87
	# 재해 자원봉사대	43	후쿠이시 직원(하수도 피해조사)	4
	# 재해 자원봉사대 동행 현 직원 등	4	(사)후쿠이현 약제사회	20
	# 현 구호반	146	현 사무직원	6
	현 정신치료 카운슬러팀	10	현경 교통대	19
	현 정신치료 카운슬러팀 동행 현직원	4	산부인과 의료지원	1
	어린이 정신치료 카운슬러팀	5	재해복구 직원(농업토목)	1
	DMAT	18	재해복구 직원(어항시설)	4
	일본적십자사구호반	47	†에쓰젠시 재해 자원봉사대	32
	현 건강상담반	137	†사바에시 재해 자원봉사대	44
	간병 서비스반	30	†후쿠이시 재해 자원봉사대	44
	현경 광역긴급구조대 (경비)	25	†후쿠이시 직원(초중학교 내진)	1
			†쓰루가시 직원(사무·보건사)	33
				계 965명
후쿠시마현	# 현 안전환경부 외	77	긴급 시 모니터링 요원	9
	# 현 환경방사선 모니터링반	8	현 스쿨링반	15
	재해복구직원(건축)	4	후쿠이현 의사회 구호반(JMAT)	5
	재해복구직원(제염)	3	후쿠이현 제생회 병원지원반	7
	재해복구직원(농업토목)	5	현 마음 케어팀	32
	현 방재 헬리콥터	16	현경 광역긴급원조대(교통)	17
	현경 경비부대	171	현경 지역부대	24
	DMAT	17	현경 기동수사부대	16
			후쿠시마현 의료지원	13
				계 439명
합계	# = 현 독자파견, 표시 없음 = 전국 조직에 의한 파견, † = 시정 독자 파견			3050명

출처: 후쿠이현 동일본대지진 대책·지원본부 자료를 참고로 필자 작성.

2. 재난지역으로의 인적 지원

후쿠이현이 행한 현직원의 파견에 대해서는 〈표 6-2〉 및 〈그림 6-1〉과 같다.

파견에는 재난지역 지자체로부터 직접 연락이 있는 경우, 중앙정부나 전국지사회 등 전국적인 공적 조직을 통해 연락이 있는 경우, 정보 수집작업과 자원봉사자 선발대, 방사선 모니터링 업무라는 후쿠이현 독자적인 판단으로 필요성을 판단하고, 인적 지원을 행하는 경우의 3가지가 있다. 그래서, 여기에서는 특히 후쿠이현 독자적인 판단으로 지원을 행한 3번째의 업무에 관해 각각 어떠한 것이 있었는지를 고찰할 것이다.

1) 정보수집업무

정보수집업무는 후쿠이현이 재난지역에서 가능한 지원과 현지의 수요를 재빠르게 파악하는 업무이다. 재해 발생 3시간 반 후인 18시 11분에는 미야기현에 3명이, 12일 오전 0시 15분에는 이와테현에 1명이 파견되어, 후쿠시마현에는 원자력 재해가 명백해진 다음 날 12일 14시 10분에 2명이 파견되었다. 그 후, 재난지역의 현은 각각 상시 2명이 파견되어, 교대로 업무를 행해 왔다.

이들 직원은 현과 재해를 입은 연안의 시정촌을 돌며, 현지의 대책본부 등과 의견 교환을 하면서 지원자의 수요를 파악하고, 당 현에서의 이재민 지원책의 입안 등으로 이어 갔다. 이러한 업무활동을 구체적으로 나타내는 하나의 예로서 후쿠이현 내의 1지구에 이

표 6-2. 후쿠이현 직원의 인적 지원 실적(업무별)

(2012년 2월 29일 현재)

	업무 내용	이와테현	미야기현	후쿠시마현	계
단기 (-8일)	헬리콥터 이용 구조활동 의료구호활동		33	48	81
	정보수집 등	54	33	80	167
	건강상담 등		112	17	129
	자원봉사 선견대 등	109	76	9	194
	방사선 모니터링			20	20
중기 (9일-1개월)	자치체 사무 지원		6		6
	재해복구 업무	6		2	8
장기(1개월-)	재해복구 업무	5	5	10	20
	합 계	174	265	186	625

출처: 후쿠이현 동일본 대지진 대책·지원본부 자료를 근거로 필자 작성.

재민을 커뮤니티 단위로 받아들이는 시책의 입안에 대해 서술하고자 한다.[7]

후쿠이시의 산간지역에는 덴가殿下라고 하는 지역이 있다. 과소화가 진행되어, 지구에는 다수의 빈 집이 생겨서, 6월 초순, 이들 20건 정도를 일시 제공하기로 하고, 현 등이 취업 등의 소개를 하고, 이재민에게 집락 단위로 피난하는 장치를 주민들과 협력하여 만들었다. 그리고 같은 시기에 후쿠시마현으로 파견된 정보수집 직원이 현지의 재해대책 본부와 피난소, 지역 미디어를 돌며 후쿠이현에서 이러한 시도를 진행해 나갈 경우의 과제 등에 대한 인쇄물을 내기도 하였다.

7 2011년 6월 6일부터 11일에 걸쳐 후쿠시마현에 파견된 정보수집 직원에게 인터뷰 조사를 실시하였다.(2011년 11월 24일)

그림 6-1. 후쿠이현의 인적 파견 상황

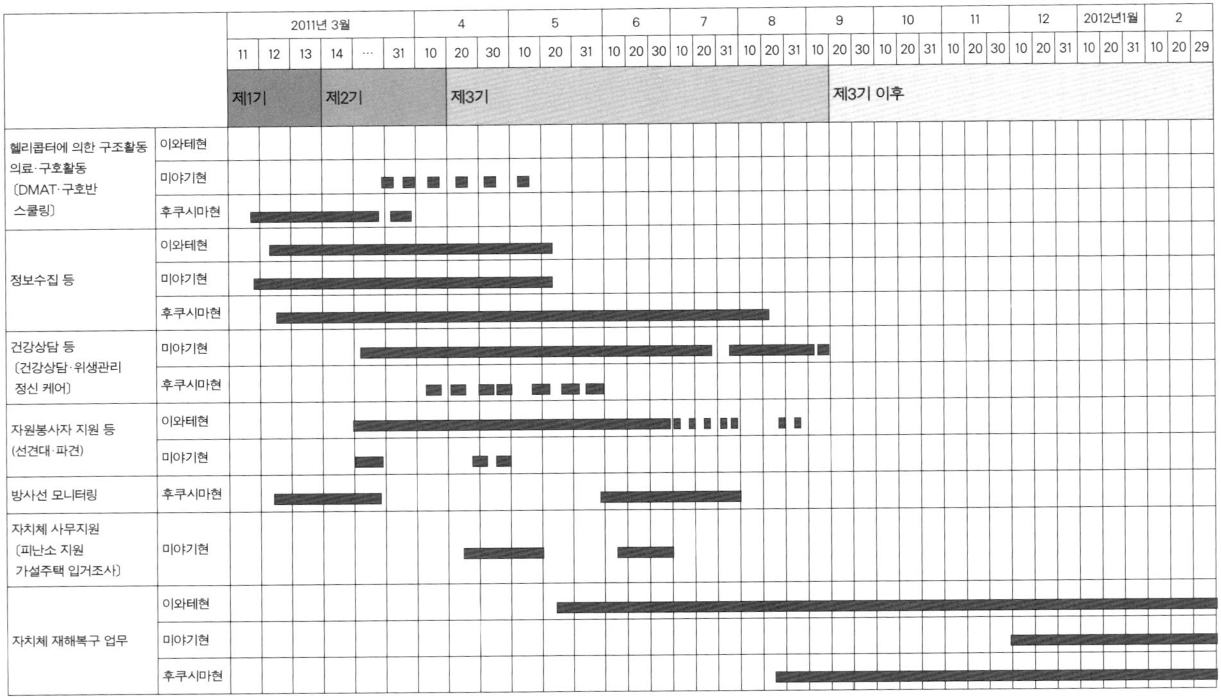

출처: 후쿠이현 동일본대지진 대책·지원본부 자료를 근거로 필자 작성.

그 결과 후쿠이현의 어린이들과 그 보호자를 여름방학 동안에 단기적으로 수용하는 단기 스테이 사업의 제1탄이 실시되었다. 현지에서 알게 된 것은 이 정보수집 담당자가 순회한 지역 미디어도 협력했다는 것이다.

2) 자원봉사자 선견대

자원봉사자 선견대는 재난지역의 자원봉사자 수용 체제의 상황을 파악하고 향후의 파견에 대한 조정을 행하는 업무를 담당하고 있다. 후쿠이현은 이 자원봉사자 선견대를 재해 발생으로부터 5일 후인 15일, 이와테현, 미야기현으로 파견하였다. 현의 직원만이 아니라 NPO 등의 민간단체도 가담하여 관민협동체제로 실시하고 있다.

후쿠이현은 1997년에 발생한 러시아 탱커 '나호토카호 기름 유출사고'와 '헤이세이 16년 7월 후쿠이호우'(2004년) 때에 현외로부터 많은 자원봉사자의 지원을 받은 지자체이다. 기름유출 사고 시에는 재해 자원봉사활동에 대응할 수 있는 인재가 없어, 현 외로부터 온 자원봉사자의 지원을 받아, 재해 자원봉사자센터의 설치와 운영을 하였다. 이러한 것에 대한 반성과 보답으로 모금 등을 자금으로, 1997년 현민의 재해 자원봉사활동을 지원하는 후쿠이현의 자원봉사본부를 설치하는 계기가 된 '후쿠이현재해 자원봉사자센터연락회'를 발족시켰다. '헤이세이 16년 7월 후쿠이 호우' 때에는 이 연락회가 힘을 써서, 재난지역의 복구에 큰 공헌을 했다고 한다.[8] 자원봉사자 선견대에 가담한 민간단체 등도 이 연락회의 구성

8 福井県(2006), 〈災害ボランティア活動マニュアル〉 3月.

원이며 여태까지 현외에서 발생한 재해 시에 관민이 함께 활동하는 등의 경험을 쌓아 온 것으로부터, 동일본 대지진에서도 협동하여 현지로 들어가는 체제를 신속하게 구축할 수 있었다고 한다.

이러한 자원봉사자 선견대의 활동 사례로서 이와테현 리쿠젠타카다시에서의 자원봉사자센터 설립 지원, 자원봉사자 운용관리 등이 있다.

이와테현에 들어간 자원봉사자 선견대는 15일의 18시경에 이와테현에 도착하여 이와테현 재해본부 등과 의견교환을 한 후, 17일에 리쿠젠타카다시 등 연안 시정촌을 방문하였다. 리쿠젠타카다시는 이번 재해로 총 세대수의 50퍼센트 이상이 재해를 입었고, 동시에서의 자원봉사자 활동을 수용하는 창구가 되어야 할 사회복지협의회의 직원도 거의 대부분이 재해를 입는 등 극심한 피해를 입은 상황이었다. 이런 상황 속에서 선견대는 자원봉사자센터의 설립을 지원하기로 하고 현지에 들어가고 나서 4일 후인 19일, 관계 단체와 연락하여 자원봉사자센터를 개설하였다. 이와테현에는 최대 23곳의 자원봉사자센터가 설치되었는데, 이 시점에는 현 외에 아직 8곳의 센터밖에 개설되지 않았다.

3) 방사선 모니터링

후쿠이현의 환경방사선 모니터링은 1957년의 대기권 핵실험을 대상으로 한 방사능 측정으로 시작되었다. 그 후 쓰루가敦賀 반도에 원자력발전소의 건설이 결정되자, 1964년에는 사전의 방사선량과 농작물, 해산 생물 등의 방사능 측정을 개시하였다. 이렇듯 방사선 모니터링의 역사는 약 반세기에 이르고 있다.

후쿠이현은 3월 12일 13시 0분에 후쿠시마 제1 및 제2 원전의 원자력 재해에 대한 대응으로서 원자력 재해 대응 상황의 조사를 행하는 담당 직원 3명과 환경방사선 모니터링을 하는 직원 3명을 후쿠시마현로 파견하여, 이러한 노하우를 살린 활동을 전개하였다. 모니터링 작업 중에는 이재민으로부터 문의를 받는 경우가 많아, 그 지역의 방사선량이나 인체의 피폭 영향 등에 관해 정보제공 등을 하고 있다.

3. 고찰

후쿠이현 직원의 파견에 관해서 재난지역의 지자체로부터 직접 요청이 있는 경우, 공적 조직을 통해서 연락이 있는 경우, 독자적으로 재난지역에 파견하는 경우의 3가지로 분류되는데, 특히 독자적으로 재난지역으로 파견하는 경우에 관해서 상세하게 살펴보았다. 재해 발생으로부터 14분 후에 대책회의를 개최하고 3시간 반 후에는 정보수집을 위한 직원을 파견하였다. 또 원자력 재해의 발생이 발표된 몇 시간 후에는 환경방사선 모니터링 직원 등이 현지로 향하였다. 그리고 정보수집 직원과 자원봉사자 선견대는 현지 대책본부와 재난지역을 돌며 현장감각을 익히고 지원책을 입안하였다. 이러한 과정을 살펴보면 후쿠이현은 동일본 대지진에 대한 대응을, 후쿠이현이 조우한 재해에 대비라는 의미도 포함하여 '최초동'과 '현장중

시'를 인식하고 실행에 옮겼다고 생각된다.

보통 어떤 지역이 재해를 입었을 때, 원격 지자체가 독자적인 판단으로 즉시 현지로 직원을 파견하는 경우는 적을 것이라고 생각한다. 재해 상황을 전혀 알지 못하는 상황에서 무작정 가는 것은 재난지역에 오히려 폐가 되지 않을까라고 판단하는 경우도 있을 것이다. 따라서 원격 지자체의 대응은 기본적으로는 재난지역으로부터의 요청을 기다리게 되기 싶다고 생각한다.

그러나 한편으로 니시카와 지사도 언급한 것처럼 재난지역, 특히 시정의 재해대책 담당자들이 재해를 입고 대혼란에 빠진 상황 속에서는 현지에서의 당면 대응에 온 정신을 쏟게 되어 다음 피해에 대비할 움직임은 취하기 어렵다.

특히 광역 재해의 경우는 지역의 지자체도 인적 자원을 분산시킨다. 그래서 원격 지자체가 '최초동'에 대응 가능한 장치가 필요하다고 생각된다. 예를 들면 24시간 이내에는 원격 지자체가 재해를 입은 지자체 내에 센터를 설치하는 것 등은 불가능할까?

그러나, 이러한 실천은 소수의 원격 지자체만으로는 어렵다. 후쿠이현은 재난지역에 정보수집 업무 담당을 상시 2명 정도 파견하였으나, 재난지역의 수요를 총체적으로 파악하는 것은 곤란하였고, 현지의 지원 수요에 대해서도 후쿠이현이 제공 가능한 자원과의 매칭이 어려운 경우도 있었다. 자원봉사자 선견대의 파견에 대해서도 후쿠이현은 리쿠젠타카다시에서 활동을 시작하였으나 자원봉사자센터의 설치에 시간을 필요로 한 재난지역은 그 외에도 있을 것이다. 이러한 재해의 '최초동'에 원격 지자체가 조직적으로 대응할 수 있는 장치를 강구해 나가는 것이 복구의 길을 단축시키는 것과 연결된다고 생각된다.

동일본 대지진에서의 후쿠이현의 인적 파견의 사례가 전국의 이러한 장치와 연결되기를 기대한다.

또 후쿠이현에서는 '후루사토 납세대행제도'로서 재해를 입은 이와테현, 미야기현, 후쿠시마현, 이바라키현의 후루사토 납세 접수 사무를 대행하고, 약 250건 총액 약 1,500만 엔의 기부를 접수하였다. 또 단독주택 등 이재민이 생활 가능한 주택을 '자원봉사자 주택'으로서 현민으로부터 모집하는 등의 지원책도 실시하고 있다. 그러나 이들 시책은 본 장의 테마인 '원격 지자체로부터 재난지역으로의 인적 지원'과는 성격을 달리하기 때문에 다른 기회에 사례 고찰을 시도하고자 한다.

또 이들의 고찰에 관해서는 개인적인 견해이며, 소속하고 있는 조직의 견해를 대표하고 있는 것이 아니라는 사실을 덧붙여 언급하고자 한다.

제 7 장

교토부의 인적 지원 등에 관한 기록

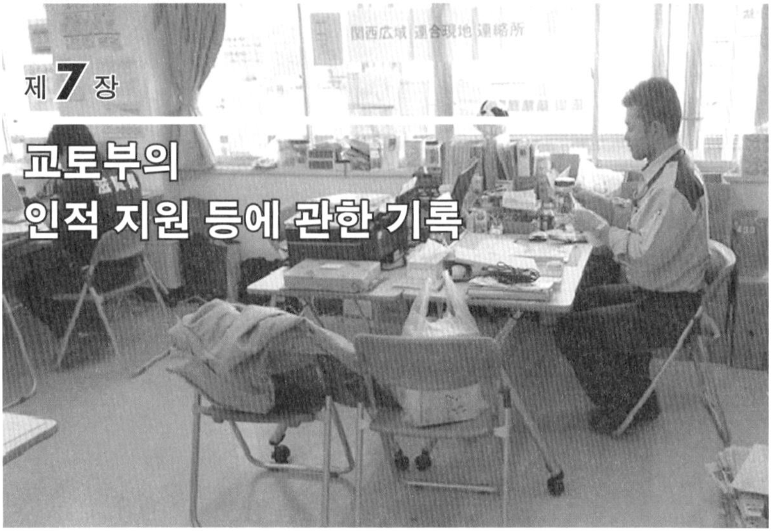

간사이연락회 쓰津 현지 연락소

오가와 요시유키小川嘉幸(교토부)

서론

교토부는 재해가 발생한 3월 11일 당일에 지진대책연락회의를 개최하고 긴급소방원조대, 교토부경 광역긴급원조대, DMAT를 파견하였다. 3월 13일에는 간사이 광역연합의 긴급성명을 받고 재난지역에 대한 지원을 신속하고 정확하게 행하기 위해서 시가현과 함께 후쿠시마현에 대한 지원을 하기로 결정하고, 그 후로는 후쿠시마현에 대한 집중적인 시책을 행하고 있다. 500 킬로미터 이상 떨어진 교토부는 2012년 2월 23일까지 교토부 직원 총 8,481명을 파견, 123.5톤의 지원물자를 송부, 1,235명분의 수용주택을 제공하는 등

다양하고 대규모적인 지원을 행하였다.

필자는 이번 지진재해 지역에 동료들과 함께 들어가서 활동한 내용과 당시 느꼈던 점 등을 기록으로 남기는 것이 매우 중요하다고 생각하였다. 이번에 기록한 활동 내용과 느꼈던 점들이 향후에 닥칠지 모를 재해 대응에 도움이 된다면 좋을 것이다.

1. 간사이 광역연합에 의한 지원

간사이 광역연합(이하 '연합'이라고 한다)이란, 2010년 12월 1일에 간사이의 2부 5현(시가현, 교토부, 오사카부, 효고현, 와카야마현, 돗토리현, 도쿠시마현)이 설립한 지방자치법에 근거한 광역연합으로서, 여러 곳의 도도부현으로 조직된 것으로는 일본 최초이다. 설립의 취지에 따르면 '부현 지역을 넘는 광역 과제로서 힘써야 할 사항은 지방분권의 돌파구를 열고 우리나라(일본)를 다극분산형의 구조로 전환하는' 것을 지향하고 있으며, 방재, 관광·문화진흥, 산업진흥 등 7분야의 광역 사무에서 출발하였다.[1]

연합은 3월 13일에 긴급성명[2]을 내고 간사이가 하나로 뭉쳐서 발휘할 수 있는 힘을 결집하고 이재민 지원, 지원물자 등의 제공, 지원요원의 파견, 이재민 수용 등의 지원을 하기로 하고, 이들을 신속

1 関西広域連合(2011),《関西広域連合の活動指針》.

2 関西広域連合(2011),《東北地方太平洋沖地震支援対策にかかる関西広域連合からの緊急声明(第1次)》.

하고 정확하게 진행시키기 위해 '일대일 대응 방식'[3]을 도입하였다. 또 3월 29일에는 제2차 성명[4]을 내고 지금까지 힘써 온 시책을 발판으로 향후, 재난지역의 현, 시정촌으로의 직원 파견, 한신·아와지 대지진의 경험과 교훈을 살린 조언·지도, 이재민 수용체제 등의 지원을 적극적이고 계속적으로 실시하기로 하였다.

또 인적 자원에 대해서는 제1차 성명에서는 '피난자에 대한 정신치료대책, 전국에서 모이는 자원봉사자 조정, 건물의 응급위험도 판정 등을 위한 직원 외에, 복구·부흥 난계의 토목·건축, 농림수산 등의 기술자 파견 등에 대해서도 대응해 나갈 것'이라고 발표하였다 제2차 성명에서는 지원에서 복구·부흥으로 향하는 상황에 응하고 '재난지역의 현은 원래 재난지역의 시정촌에도 부현, 시정촌 직원을 파견' '한신·아와지 대지진의 경험을 가진 직원을 파견하고 직면한 상황에 응할 때의 조언'을 행하기로 하고 있다. 더욱이 연합이 11월 21일에 발표한 국가에 대한 '헤이세이 24년도 국가 예산편성 등에 대한 제안'에서는 '교육, 도로·항만 등의 국가의 전문 직원의 계속적인 파견, 간사이 광역연합을 비롯하여 지자체 상호 간의 지원에 대한 협력'을 관계 성청에 요청하고 있다.

이렇게 연합에서는 재해 발생 초부터 경찰, 소방, 의사의 파견을 즉각적으로 행하고 그 며칠 후에는 현지 사무소를 설치하여 그곳을 거점으로 다수의 직원을 현지로 파견하여 이재민에 대한 세심

---

3 특정 재난지역의 현에 특정의 지원 부현을 할당하여 지원하는 것. 교토부와 시가현은 후쿠시마현을 지원하기로 되어 있다.

4 関西広域連合(2011), 《東北地方太平洋沖地震支援対策にかかる関西広域連合からの緊急声明(第2次)》.

한 지원을 행하였다. 또, 제1차 성명에서는 복구·부흥에 대한 지원까지 신속하게 언급하고 제2차 성명에서는 시정촌으로의 인적 파견, 한신·아와지 대지진을 경험한 직원 파견 등도 진척시키기로 하고 있다. 국가의 조정을 기다리지 않는 신속한 대응과 선견지명 있는 제언은 평가할 만한 가치가 있을 것이다.

2. 교토부의 인적 지원 상황

다음으로 연합의 일원으로 활동하고 있는 교토부의 인적 지원 상황에 관해서 보고자 한다.

교토부는 3월 13일의 연합의 긴급성명을 받고, 14일에 교토부 재해지원대책본부를 설치하고 이후 7월 26일까지 총 8회에 걸친 본부 회의를 개최하면서 여러 가지 지원을 하였다.

직원을 많이 파견한 업무는 피난소 운영지원의 2,207명, 의료지원 1,101명, 이재민 케어(건강 상담 등) 780명, 교육활동지원 651명이다.[5] 또 장기에 걸친 인적 지원으로서는 간사이 광역연합 현지 연락소(업무), 후쿠시마현의 항만건설 사무소(토목·농업토목), 토목부(토목·건축), 원자력센터(모니터링 분석), 지방진흥국(사무), 현재의 복지사무소(심리판정원)로의 파견이 있다.[6](〈표 7-1〉 교토부의 인적 파견 상황 참조)

5 2012년 2월 23일 현재 누적 파견자 수.

6 2012년 2월 23일 현재, 장기간 계속하고 있는 지원 내용.

표 7-1. 교토부의 인적 파견 상황

2012년 2월 23일(목) 12:00 현재

파견처 등		업무내용	파견기간	인원수			실인원수
				직종	파견인원수	연인원수	
간사이광역연합 현지연락소	후쿠시마현 재해대책본부(후쿠시마 시내)	연락조정	3.14-		1-2	344	
	후쿠시마현 아이즈와카마쓰 합동청사(아이즈와카마쓰시내)	연락조정	3.14-6.27		1-2	185	
피난소 운영지원	후쿠시마현 내 각 피난소 등	운영지원	3.21-8.31		5-15	2,207	
민간주택 임대사업사무지원	후쿠시마현 중부 건설사무소	사무지원	6.26-9.30		2-3	237	
일반사무	후쿠시마현 북부 지방진흥국	사무지원	9.1-		1	176	
DMAT (재해파견 의료팀)	후쿠시마현, 미야기현, 이와테현 내의 재난지역, 피난소 등	긴급의료	3.11-3.16	의사, 간호사 등	3-7	186	
이재민 보호	후쿠시마현 각 시정촌 피난소 등	건강상담 등	3.15-10.1	보건사 등	2-6	780	
				사무	1-2		
의료구호반	후쿠시마현 아이즈지역의 피난시설	의료지원	3.18-7.1	의사 간호사 등	3-10	1,107	
				사무	1-2		
	후쿠시마현 이와키시의 피난시설	의료지원	3.22-4.11	의사 간호사 등	4-6	84	
	후쿠시마현 각 피난소 등	선별검사	4.2-4.19 6.21-7.8	방사선 기사	2	96	
정신 케어	후쿠시마현 아이즈와카마쓰 보건소 관내	정신케어	4.11-7.27	의사, 간호사 등	3-4	420	
이재민의 심리 카운슬러	후쿠시마현 소소 보건복지사무소	정신케어	9.1-	심리판정원	1	176	
어린이 심리 카운슬러	미야기현 내	정신케어	4.24-4.30	아동복지사 등	2	14	
수화 통역	후쿠시마현 이와키시	수화통역	5.26-6.1		2	14	
수의사, 위생기사	후쿠시마현 경계구역 내	개, 고양이 보호	11.6-11.19		2	26	
모니터링분석 (농업,화학)	후쿠시마현 원자력센터 후쿠시마 지소	모니터링분석	9.1-		1	178	
농림수산시설 등 피해현지조사	후쿠시마현 내	조사	4.24-4.28		4	20	
농지·농업용 시설복구	후쿠시마현 소소 농림사무소	조사, 사정 설계서 작성	8.1-8.31		2	62	2
	후쿠시마현 소소 농림사무소	조사, 사정 설계서 작성	11.1-12.28		1	58	4
수산시설 정비 (어항정비) 농업토목	후쿠시마현 소마항만건설사무소	실시설계·적산 등	8.1-		1	204	3

재난지역 택지위험도 판정사의 파견	센다이시	재해주택 위험도판정	4.19-4.22		6	24	6
건설교통부 기술직원 선견대	후쿠시마현	조사	5.10-5.13		4	16	4
건설교통부 기술직원 (항만정비)토목	후쿠시마현 소마항만건설사무소	실시설계· 적산 등	8.1-		1	207	3
건설교통부 기술직원 (어항정비)토목	후쿠시마현 소마항만 건설사무소	실시설계· 적산 등	9.1-		1	176	3
건설교통부 기술직원 (영선복구)토목	후쿠시마현	실시설계· 적산 등	8.22-		1	186	3
건설교통부 기술직원 (영선복구)건축	후쿠시마현	실시설계· 적산 등	9.1-		1	176	3
건설부·농림부 기술직원 (항만재해복구) 건축·농업토목	이와테현	실시설계· 적산 등	10.1-		1	146	2
급수활동	이와테현 리쿠젠타카다시(3.15-) →오후나토시(3.26-) →리쿠젠타카다시(5.16-)	급수활동	3.15-6.16		2-4	225	47
하수도 피해조사	미야기현 마쓰시마쵸	조사	3.27-4.3		2	16	2
의료지원	후쿠시마공항 외	의료지원	3.11-3.22	의사, 간호사		30	8
검시 작업	센다이시 내 시신안치소 등	검시 작업	3.15-3.30	의사	1-2	13	3
심리 카운슬러 (교토대 연계)	아이즈 보건소	정신케어	24.1.9-	의사	1-3	38	8
교육활동 지원팀	후쿠시마현 내 초중등교 현립고교·특별지원학교	학교 교육활동 지원 정신카운슬러	4.21-7/21 선견대는 4.1-4.7		1~11	651	93
문화재보호과 기사	미야기현	현 내 재해 건조물조사 등	7.1~7.2 9.20-9.22		1-2	8	3
스쿨 카운슬러	후쿠시마현	심리 카운슬러	24.1.10-		1-3	85	18
합계						8,481	1,175

출처: 교토부 재해지원대책본부

필자가 소속되어 있는 농림수산부 농촌진흥과(집필 당시)는 농업시설과 논밭, 어항 정비를 담당하는 농업토목업이 많아 후쿠시마현 소마항만 건설사무소 등에 과 직원 몇 명을 파견하였다. 따라서 농지와 어항의 복구업무를 위해서 파견된 직원의 기록과 목소리를 담아서 서술하고자 한다.

1) 농지 복구지원

교토부에서는 농업시설과 논밭의 복구와 부흥을 위해 8월 1일부터 31일까지(2명, 약 2주간 교대)와 11월 1일부터 12월 28일까지(1명, 약 2주간 교대)의 2주간, 직원을 파견하였다. 근무장소는 미나미소마시에 소재하고 있는 후쿠시마현 소소相双 농림사무소와 미나미소마시 가시마구이다.

동 소관 내에 재해를 입은 농지 등의 면적은 약 5,000헥타르에 이르며, 재해의 정도는 바다에 가까운 피해가 큰 지역으로부터 순서대로 ①논둑과 밭둑 및 수로가 전부 손상을 입고 논밭에 쓰레기 더미가 산재해 있는 상태로 복구공사를 하는 데에 경계 측량이 필요한 농지, ②구획 형상이 남아 있고 논둑과 밭둑 및 수로가 일부 파손 상태이고 원형 복구가 가능한 농지, ③논둑과 밭둑 및 수로가 거의 남아 있으며 논밭에 진흙이 약간 퇴적되어 있는 농지로 나뉜다. 복구작업에는 상기의 번호에 대응하여 ①재해 관련 구획 정비사업, ②통상의 농지복구사업, ③제염사업으로 되어 있다. 지역의 의향을 존중하여 구역을 설정하게 되지만, ①과 ②의 구역이 거의 차지하고 있다.

교토부 직원이 배속된 농지재해 복구반은 홋카이도 개발국 3명, 아이치현 2명, 나가사키현, 미야기현, 아오모리현, 교토부 각 1명씩 혼성반으로 후쿠시마현 직원의 지휘 아래에서 업무를 하였다. 업무 내용은 현지조사, 재해사정[7] 설계작성, 재해조정입회, 발주설계작성 등이다. 또, 파견 시에 후쿠시마현으로부터는 토목기술 컨설턴트와 시정촌의 지원이 가능한 직원의 파견이 요망된다.

그러면, 직원을 파견한 교토부와 파견된 직원은 어떠한 준비를 한 것일까? 파견자는 교토부로부터 출장으로 취급되기 때문에 급여와 여비 등의 비용, 공용차, 컴퓨터 등 업무상 필요한 비품 등은 모두 교토부가 부담하게 된다.[8] 교토부에서는 파견하는 직원에 대해, 명찰, 인감, 장화 등을 준비하도록 지시하고, 교토부로부터는 선량계, 컴퓨터, ETC카드, 휘발유카드, 구급상자, 기술 관계 자료, 공용차, 디지털카메라, 헬멧 등을 지참하도록 하였다. 또, 복무 관계에 관해서는 주 휴일은 교토부의 규정을 적용, 파견 종료 후에 건강진단을 실시, 특수근무수당(840엔 일당, 재해파견)을 지급, 숙박은 근무지 근처의 비즈니스호텔로 하였다.

2) 어항 복구지원

어항의 복구지원에 관해서는 8월 1일부터 2012년 3월 31일까지의 기간 동안 직원을 파견하였다. 후쿠시마현으로부터는 기간을 통해 동일 직원이 대응했으면 하는 요망이 있었으나, 통상업무와 같이 해내는 것이 힘들기 때문에 3명이 나누어서 대응하게 되었다.(8월부터의 2개월간, 10월부터의 3개월간, 2012년 1월부터 3개월간으로 나

7 재해사정이란 재해를 입은 공공시설을 복구시키기 위해 지자체가 그 비용을 산출하여 국가에 대해 청구를 하고 국가가 그 비용의 타당성을 판단하는 것이다.

8 교토부의 부담에 관해서는 특별교부세에 의해 전액 보상될 예정이다. 또 다음 항목의 지방자치법에 의한 파견은 후쿠시마현이 부담하기로 한다.

누어 각 1명 파견)

한편 직원을 파견한 교토부 농촌진흥과의 상황은 한 사람당 파견기간을 후쿠시마현으로부터의 요망보다도 짧게 하고 더욱이 임시직원을 고용하였으나, 파견 직원의 주변 직원, 특히 업무를 총괄하는 부과장급의 일의 양이 급증하였다. 향후에는 다음 해의 신규 채용 직원을 앞당겨 채용하거나[9] 전문업자에 대한 업무 위탁 등을 검토할 필요가 있을 것이다.

파견 직원의 업무장소는 후쿠시마현 소마항반 선설사부소이며, 8월부터 2개월간의 주요 업무는 현지조사, 측량·설계회사의 지도, 도면의 확인, 사정 설계서의 작성, 사정 대응 등 어항해안의 재해 복구작업의 전반에 걸친 부분이다. 업무체제는 후쿠시마현 4명, 나가사미현 4명, 교토부 3명(토목직 2명, 농업토목직 1명), 니이가타현 2명이었다. 지방자치법 제252조의 17[10]에 따른 파견인 점에서 신분은 겸임,[11] 급여는 부임 여비·재해파견수당 등 이 외는 교토부에서 지급, 근무시간·휴가·복리후생·건강관리는 후쿠시마현의 규정을 적용, 공무재해의 절차는 지방공무원 재해보상기금 후쿠시마현 지부에서 행하기로 되어 있다. 또 교토부가 지급한 급여 등은 후쿠시마현으로부터의 부담금으로 하고 차후에 납부하게 된다.

교토부가 복구지원을 행한 쓰루시하마 어항, 마쓰가와우라 어

9 신규 채용 직원의 사전 채용은 신규 채용 예정 직원의 사정에 따라 가부가 나뉘게 되어, 그 수가 적은 기술직의 경우는 곤란한 경우가 많을 것으로 추측된다.

10 보통지방공공단체 간의 직원 파견에 대해 정하고 있다.

11 교토부 직원을 그 신분을 유지한 채 후쿠시마현 직원의 신분을 가지게 하는 것. 후쿠시마현으로부터의 지시에 따른 일을 할 수 있게 된다.

항, 마노가와 어항의 지진 및 쓰나미에 의한 피해의 개요인데, 지반 침하가 20여 센티미터에서 60센티미터 있었던 것 외에 주요 피해로서 방파제의 침하, 도괴, 안벽 및 제방보호 도괴, 입하상품 처리소 및 어구 보관관리 시설의 포장 함몰, 벗겨짐, 도형방파제 및 테트라포드의 침하, 블록미산, 해안제방 및 도형방파제의 침하, 결괴, 도괴, 화장실과 정자의 도괴 등을 볼 수 있다.[12]

또, 직원으로부터는 정기적으로 메일 등으로 보고를 받았으나 그중에는 "컴퓨터의 상태가 나빠 시디를 읽을 수 없다" "공용차가 없다" "컨설턴트(측량 수탁자)로부터의 도면 등의 납품이 늦어지는 일이 자주 발생하고 있다" "건설물가 등(사정단가)의 자료가 없다"는 등, 긴급 시의 여러 가지 혼란스러운 상황이 보고되었다. 또, "복구의 방법에 관해서 이번 지진으로 인한 쓰나미를 고려한 새로운 설계를 추진하는 의견도 있었으나 논의가 끝나지 않았고, 우선은 원형복구를 기본으로 설계서를 만들고 있다"는 등, 처음 행하는 업무에 대한 곤란한 점도 보고되고 있다.

또 생활면에서는 "여름에는 냉량한 기후로 지내기 수월하다" "매일 선량계를 몸에 부착하고 있다" "시청의 체제가 7월까지는 토요일과 일요일도 출근했으나, 8월에 들어 토요일은 윤번제, 일요일은 1명 체제로 변경되었다"는 것 외에 편의점과 빨래방의 위치, 호텔 벽장의 용량, 냉장고의 유무, 점심과 저녁을 어떻게 하고 있는지 등의 세심한 근황보고는 다음 파견자에게 조언이 되고 있다.

---

12 福島県相馬港湾建設事務所(2011), 《東日本大震災による漁港 (海岸) の被災状況について》.

3) 파견경험에서 얻을 수 있는 것

대지진의 흔적을 실감나게 하는 보고도 있었다. 파견직원이 현지 조사 중에 차에서 500미터 떨어진 사구에 있었는데, 진도 5약의 지진이 덮쳤다. 흔들림이 진정된 후 작업을 계속하려고 뒤를 돌아보니 주변의 공사작업차가 일제히 높은 지대로 피난을 하고 있었다고 한다. 그 상황을 보고 파견 직원도 자동차로 필사적으로 돌아가서 높은 지대에 피난했다고 하는데, 쓰나미의 체험이 얼마나 무서운 것인가를 엿보게 하는 광경이었던 것이다.

또, 파견 직원은 업무 외에도 휴일 등에 재난지역을 순회하고 원자력발전소로부터 20킬로미터의 국도 봉쇄 지점 부근의 주택지와 점포 등의 상황을 시찰했다고 한다. '평상시의 생활은 여느 때와 같이 보이지만, 이들 지역이 처해 있는 상황은 심각하다는 것을 통감하고 있다'는 보고로부터는 파견된 시간 내에 조금이라도 재난지역의 어려운 현상을 알려고 힘쓰고 있는 자세가 보인다.

농지의 정비를 의뢰한 시청으로부터는 파견 종료 후, 교토부 직원이 담당한 곳의 조사가 직원의 견해대로 상정한 기간 내에 종료하여 감사하다는 것과 향후는 내년도의 벼의 작부 희망에 응할 수 있도록 공사의 조기 준공을 위해 노력할 것, 수년 후에는 부흥을 이루어 크게 변한 시의 모습을 또 보러 왔으면 한다는 내용의 감사장이 왔다.

교토부로 돌아간 파견 직원의 감상을 들어보니, 동료로부터의 격려와 매뉴얼에는 없는 기술적 지원이 꽤나 기쁘고 의지가 되었다는 것이다. 또 교토로부터 받은 지역술과 특산품은 다른 부현 직원과의 커뮤니케이션 향상에 꽤나 효과적이었다는 것이다. 이렇게 직무를 초월한 파견처의 물심양면의 응원이 파견직원의 동기부여를 유지하고 잘 알지 못하는 지역에서 잘 알지 못하는 직원과의 팀워크를 향상시키고 원활한 재해복구와 부흥에 크게 기여했다고 생각된다.

결론

2011년 11월 17일의 《가호쿠신보河北新報》는 '광역연대—부흥을 지지하는 도호쿠의 결속'이라는 제목의 사설에서 "간사이 광역연합의 괄목할 만한 지원활동은 눈길을 끌었다. 이와테, 미야기, 후쿠시마 3현에 반년 동안 토목기술자와 보건사 등 누적 합계 4만 5천 명의 직원을 파견한 것 외에 약 26만 끼분의 쌀과 약 2만 대의 간이화장실 등을 보냈다. 채용한 지원방법은 '일대일 대응 방식'이다. 이와테현의 담당은 오사카·와카야마, 미야기현은 효고·도쿠시마·돗토리, 후쿠시마현은 교토·시가로 나누었다. 얼굴이 보이는 계속적인 지원이 복구와 부흥에 크게 공헌한 것을 재난지역의 수장과 주민은 잊지 않고 있다"라고 연합의 지원에 대해 크게 평가하였다. 크고 강한 자치가 재난지역의 현의 복구와 부흥에 크게 기여한 것은 분명한 듯하다.

한편 앞에서 서술한 파견 직원은 재해를 입은 분들의 깊은 슬픔을 경험함과 동시에 피해의 심각함이나 복구와 부흥에 드는 방대한 작업량을 통감하고 돌아왔다. 재해 내용을 평가하고 이제부터의 재해 대응의 방법에 관해서 구체적인 의견을 가지고 있다고 생각한다. 현지에서 여러 가지 지원을 행한 직원의 의지가 강할 때에 그 경험을 근거로 한 방재계획이나 매뉴얼을 마련하고, 지역의 다양한 주체와 함께 실천적인 훈련을 행하는 것이 중요하다. 만일 교토부가 재난지역이 될 경우 피해를 최소한으로 한다거나 다른 지자체가 재해를 입은 경우에 효과적인 지원을 행하는 데 큰 도움이 될 것이다. 연합과 같이 지자체 공동 조직의 선견지명이 있는 의사결정과 현지 상황에 대응하는 세세한 활동이 대규모 재해 시에는 요구되는 것이다.

끝으로 이재민은 도시부와는 다르게 지역의 강한 연대가 기반이 되어 농업과 어업 등 자연을 자원으로 생계를 세우고 생활해 온 사람들이 많다. 필자는 과소대책의 업무를 하고 있는데(집필 당시), 지역의 연대가 약해지는 것이 취락지구 유지와 재생에 커다란 장애가 된다고 생각하고 있다. 향후 지역의 부흥을 이루기는 쓰나미의 피해를 입은 일이 없는 새로운 장소에서 행해지는 경우도 있을 것이나, 그때에 이재민들은 새로운 동료애를 느끼면서, 자연에 보다 가까운 생활을 계속할 수 있도록 배려한 복구와 부흥도 중요하지 않은가라고 생각하고 있다.

제 8 장

동일본 대지진 재난지역에 대한 기후현의 인적 지원

가카미가하라시 수도부의 급수 지원활동(이와테현 구지시)

와카이 노리아키若井憲彰(기후현)

서론

2011년 3월 11일 14시 46분에 발생한 도호쿠지방 태평양 연안 지진으로 인한 기후현 내의 최대 진도는 가이즈시의 진도 4이며, 진도 3을 기록한 시정촌이 24곳 있었다(기후현의 시정촌 수는 42). 가이즈시는 경계 제1체제를 발령하고 현경 헬리콥터에 의한 정찰을 하였으나, 다행히도 큰 피해는 확인되지 않았다. 또 이후의 여진으로 인한 큰 피해도 발생하지 않았으며 다른 대규모 재해의 영향도 없는 상태였기 때문에 기후현과 현내 시정촌은 거의 평소와 같이 업무를 할 수 있는 상태였다.

이러한 상황 속에서 기후현도 재해정보를 수집하고 재난지역의 현과 각 기관으로부터의 요청에 응하여 인적 지원을 행하게 되었다. 기후현의 재정규모,[1] 직원수[2]는 둘 다 전국 중위권 수준이며, 재난지역으로부터 약 500킬로미터[3] 떨어진 곳에 위치하고 있다. 본장에서는 규모와 위치의 두 가지 측면에서 전국의 거의 정중앙에 위치하고 있는 기후현이 동일본 대지진의 재난지역에 대해 어떠한 인적 지원을 해 왔는가를 요약하고자 한다.

1. 재난지역으로의 인적 지원

3월 11일(재해 발생 당일)

기후현에서는 14시 46분에 재해정보집약센터를, 15시 25분에 재해지원대책본부를 설치하여 재해에 대한 정보를 수집하고 대책을 세우기 위한 환경을 만들고, 현 내외를 불문하고 재해에 대한 복구와 지원활동을 하였다. 재해 발생 당일부터 재난지역 지원을 위한 직원 등의 파견을 개시한 것은 '소방방재' '의료' '경찰'의 3부문이다.

---

1 재정지출 8,128.1억 엔은 전국 제21위(2009년도 금액, 출전: 〈헤이세이 21년도 도도부현 결산상황조〉, 총무성 자치재정국 재무조정과).

2 일반행정 4,196명(전국 제23위), 교원 등 16,320명(전국 제18위), 경찰관 등 3,858명(전국 제17위)〔모두 2010년 4월 1일의 정원, 출전: 지방공공단체 정원·급여 상황(총무성 홈페이지)〕.

3 이와테현-기후현: 618.2km, 미야기현-기후현: 488.8km, 후쿠시마현-기후현: 425.3km〔2011년 4월 1일 현재 현청 간 거리. 거리계산은 국토지리원이 회전타원체(GRS80)에서의 측지선장을 산출한 것〕.

소방방재 부문에서는 소방청으로부터 15시 57분에 긴급소방원조대의 출동준비 요청이 있었고, 16시 37분에 도쿄 방면으로의 출동요청을 받고 25대 99명이 도쿄 방면으로 출발하였다. 방재 헬리콥터에 대해서는 16시 10분에 출동요청이 있은 후에 17시 49분에 사이타마현 혼다에어포트에 들어갔다.

의료 부문은 16시 47분에 재해를 입은 각 현으로부터의 재해파견의료팀(이하, DMAT)의 요청을 받아 18시에 나카즈가와 시민병원의 DMAT 5명이 미야기 현청으로 향해 출발하였다. 그 외에도 현립 다지미多治見병원(6명), 일본 적십자사 기후적십자병원(8명), 다카야마 적십자병원(8명), 기후현 지부(2명), 기자와기념병원(7명)의 DMAT도 재난지역으로 출발하였다.

현경은 경찰청으로부터의 요청을 받아 16시 58분에 현경 광역긴급기동대의 교통부대가 재난지역으로 출발한 것을 시작으로 교통부대 30명, 경비부대 44명이 재난지역으로 향했다.

3월 12일(재해 발생 이틀째)

전날 기후현을 출발한 직원들은 12일 미명부터 순차적으로 재난지역에 도착하여 활동을 개시하였고 동시에 새로운 직원들도 파견하였다.

방재 헬리콥터는 6시 30분에 사이타마 혼다에어포트를 이륙한 뒤, 8시 25분에 하나마키 공항에 착륙하였다. 이와테현 내에서 은행 옥상으로 피난하고 있던 사람들을 구조하고 중증환자를 운송한 뒤, 니이가타 공항을 경유로 19시 10분에 기후현으로 돌아왔다. 긴급소방 원조대는 진출 거점이 변경되는 사태 등이 발생하기는 하였으나, 저녁 무렵에는 후쿠시마현으로부터 요청을 받아 구급대 6대가 니혼마쓰二本松시에서 구급운송활동을 행하여 9명의 운송을 완료하였다.

DMAT는 2시에 현립 다지미병원이, 6시 35분에 나카즈가와 시민병원이 미야기현 내에서 의료활동을 개시하는 등 심야부터 활동을 시작하였다. 또 이 날도 기후현 종합의료센터 등의 DMAT가 재난지역으로 출발한 것 외, 기후대학 의학부 부속병원 의사팀의 헬리콥터가 이와테현으로 들어와 활동을 개시하였다.

현경은 정오가 지나 센다이 남부경찰서에 도착하였고, 교통부대는 13시 45분부터, 경비부대는 14시 15분부터 교통정비와 수색활동 등을 하였다. 또, 형사부대 10명이 센다이로 향해 기후현을 출발하였다.

더욱이 이 날부터 사단법인 일본수도협회의 요청을 받아, 현내 시정촌으로부터 급수차를 현지로 파견하기로 하였다. 12일은 기후시, 하시마羽島시, 가카미가하라各務原시, 오가키大垣시, 다지미多治見시, 나카쓰가와中津川시, 에나恵那시의 급수차가 대원과 함께 재난지역으로 출발하였다.

3월 13일부터 17일(재해 발생 3일째부터 1주일간)

3일째가 되자, '소방방재' '의료' '경찰'의 3부문에 가담하여 전날 기후현을 출발한 7곳의 시의 급수차가 미야기현과 이와테현에서 급수활동을 개시하였다. 또 활동을 끝내고 재난지역으로부터 DMAT

를 철수시키고, 현경은 광역긴급원조대의 형사부대를 투입하여 검시활동을 개시하는 등, 재난지역의 상황에 대응한 인적 지원을 행하였다.

14일(재해 발생 4일째)에는 현경 헬리콥터와 방재 헬리콥터[4]를 재난지역으로 파견하여 재해 발생 직후부터 수색활동과 운송활동에 높은 능력을 발휘하는 헬리콥터를 필요로 하는 재난지역의 현의 요망에 응했다. 또 현경 헬리콥터, 방재헬리콥터와 함께 기재효율을 최우선으로 하기 위해 기재는 재난지역에 주류시키고 교대인원은 육로로 이동하는 방식을 취했다.

15일(재해 발생 5일째)에는 후쿠시마 제1원자력 발전소의 사고정보가 교착되어 일시 옥내로 대피하도록 급수부대에 지시를 내리는 사태가 발생하였다. 이것에 의해 일부 부대는 지원을 재개하는 일 없이 기후현으로 돌아가게 되었고, 정부와 도쿄전력이 원전 사고의 정보수집과 정보공개를 정확하게 행하지 못하였기 때문에 모처럼의 인력을 헛되게 하는 유감스러운 결과를 빚게 만들었다.

16일(재해 발생 6일째)에는 보건사로 이루어진 팀이 이와테현 리쿠젠다카다시의 피난소에서 이재민의 건강체크를 시작하는 것 외에 현경의 통상 부대인 관구기동대가 후쿠시마현 이와키시에서 수색활동을 개시하는 등, 많은 부문의 활동으로 서서히 확대되어 갔다.

---

4 방재 헬리콥터는 3월 12일의 지원활동 후 기후현으로 돌아왔으나 다시 파견되었다.

3월 18일에서 31일(재해 발생 1주일째부터 3주간)

의료 부문은 후생노동성의 요청을 받고 3월 19일부터 4일(현지 활동 3일)씩 교대제로 한 팀이 5-9명 체제로 이루어진 의료구호반의 파견을 개시하였다. 3월 중에는 기후현 종합의료센터 등 의료구호반이 미야기현 와타리군 와타리초에서 활동하였다. 또, 진료방사선기사 5명이 3월 27일부터 31일까지 재난지역으로 파견되었다. 의료·복지관계에서는 지자체 병원 이외에도 일본 적십자 기후현 지부, 기후현 의사회 JMAT, 사단법인 기후현 간호협회회원, 사단법인 기후현 약제사회, 사단복지법인 기후현 사회복지협의회 등이 3월 중에 인적 지원을 개시하였다.

상하수도 관계에서는 한때 전 부대가 철퇴한 급수부대가 3월 20일부터 재난지역에서의 활동을 재개하고, 처음 파견과 합해서 누계 75명이 이 기간에 활동을 한 것 외 사단법인 일본하수도협회 중부블럭 간사(아이치현)의 요청에 따라 하수도 재해 조사원 4명이 3월 23일부터 29일까지 미야기현 시오가마塩竈시에서 하수도 도관 조사활동을 하였다. 지자체 직원 이외에도 기후현 환경정비사업협동조합이 흡입식 분뇨수거차 47대, 지휘차량 1대, 보조차 4대 및 작업원 등 105명을 3월 20일부터 26일까지 파견하여 이와테현 내의 배설물 수집운반을 지원하는 활동을 하였다.

소방방재 부문은 방재 헬리콥터가 3월 26일로 활동을 끝내고 그 외의 긴급소방원조대도 3월 31일로 현지에서의 활동을 끝내게 되어 3월말까지 방재 헬리콥터 관계로는 누계 31명이 그 외의 긴급소방원조대는 누계 536명이 활동을 하였다. 현경 헬리콥터도 3월

19일로 활동을 마무리하였다.

4월 1일부터 5월 31일(재해 발생 후 약 1개월부터 약 3개월)

미야기현으로부터의 요청에 따라 4월 1일부터 다가죠多賀城시의 피난소에 현 직원을 파견(1팀 10명 체제, 1주간 교대)하여 운영지원 활동을 개시하였다. 또, 4월 3일부터 5일까지 기후현 재난지역 지원 서포트 팀 10명이 재난지역 지원을 위해 현지조사를 하였다.

현경은 4월 15일부터 경찰 활동을 행하는 지역부대(1진에 10명)의 파견을 개시하였다. 또, 방면별 기동대를 4월 18일부터 기후현 기동대를 4월 27일부터 단속적인 파견을 개시하였다. 이 외에도 차량부대를 4월 16일부터 17일에 이와테현으로 파견하였다. 또 재해 발생 직후부터 파견된 광역긴급원조대는 형사부대가 5월 12일에 교통부대가 5월 22일에 재난지역에서의 활동을 끝냈다. 3월만 활동했던 경비부대 포함 누계 231명이 현경광역긴급원조대로서 지원을 하였다.

이들 외에 기후현은 재해 자원봉사자를 모집하여 기후현 직원, 기후현 사회협의회 직원이 합동으로 기후현 재해자원봉사대를 결성하여 4월 2팀(누계 54명)을 파견하였다.

6월 1일부터 8월 31일까지(재해 발생 후 약 3개월부터 약 6개월)

5월까지는 파견기간이 수일간에서 1주일간 정도의 단기파견에 의한 지원을 행해 왔으나, 6월에 들어서자 파견기간을 수주간에서 수개월로 하는 중장기 파견에 의한 지원이 증가하였다. 미야기현의 요청을 받아 6월 1일부터 현의 행정직원(토목직 2명, 건축직 2명, 전기직 1명)이 도로와 하천 등의 현에 있는 시설의 재해복구업무 지원을, 이와테현 가마이시시로부터의 요청을 받아 현내 21시가 보건사 2명, 기술직 3명을 1개월마다 교대제로 지원활동을 개시하였다. 또 미야기현의 요청을 받아 6월 1일부터 교사 4명이, 7월 1일부터 주간 교사 1명, 양호교사 3명이 지원활동을 개시하였다.

단기파견에 의한 지원은 수습을 향하기 시작하여, 현경의 관구기동대가 7월 23일에 방면별 기동대가 8월 28일로 활동을 종료한 것 외에 피난소 운영을 위한 인적 지원도 7월부터 파견인원을 10명에서 5명으로 감소시켜, 7월 31일로 활동을 종료하였다. 이 외에도 보건사, 관리영양사, 약사, 간병직원 등의 지원도 이 기간에 끝냈다.

9월 1일 이후(재해 발생 후 약 6개월로부터 11월 20일)

9월 이후의 새로운 지원으로서는 농림수산성의 의뢰에 따라 9월 1일부터 미야기현에서 농지 및 농업시설과 농지해안의 재해복구 업무를 위해 농업토목직 직원 2명의 파견이 개시되었다. 농업토목직은 이외에도 9월 20일부터 10월 7일까지 3명이 이와테현으로 파견되었다.

또 4월 15일부터 미야기현에서 활동하고 있던 현경의 지역부대가 10월 28일에 활동을 종료하는 등 많은 활동이 종료되었으나 11월 20일 현재도 57명이 활동을 계속하고 있다.

2. 재난지역으로의 인적 지원의 성과와 과제

재난지역에서는 재해에 따른 방대한 복구 관련 업무가 발생한데다가 본인 혹은 가족이 재해를 입은 지자체 직원도 많아 업무에 임하는 인원이 부족한 상황을 타개하기 위해 기후현으로부터 그 지원을 할 수 있는 직원 등을 파견했던 것은 그 의의가 크다고 생각한다. 또 지역의 지자체 직원이 재해복구를 행하는 것이 당연하다고 생각하는 풍조가 일부 이재민이 가지고 있었던 듯하나, 그러한 경우에도 타 현으로부터 지원하러 온 직원을 만나면 감사의 마음이 생겨나 마음에 여유가 사라진 이재민을 진정시키는 효과도 있었다고 할 수 있다.

또 재난지역에서 활동한 기후현 내의 지자체 직원 등도 실제로 대재해의 현장에서 활동을 할 수 있었으며, 향후의 재해대책계획과 실제 업무에 활용할 수 있는 경험을 얻은 것도 큰 효과라 할 수 있다.

지원에 있어서는 긴급소방원조대와 현경 광역긴급기동대 등, 한신·아와지 대지진을 계기로 재해 시의 인적 파견 시스템이 정비된 직종은 재해 발생 후 비교적 순탄하게 기후현으로부터도 인적 지원이 이루어졌으나, 그러한 시스템이 정비되지 않았던 직종과 많은 일손을 필요로 한 피난소 지원에는 역할 분담 등에 시간이 걸려 재난지역의 요망대로 인적 지원을 할 수 없는 기간이 있었던 것도 사실이다. 향후에는 시스템을 정비한 직종을 참고로 국가와 그 외의 도도부현에도 역할 분담을 행하여 대규모 재해에 대한 시스템을

표 8-1. 재난지역에서 활동한 (활동하고 있는) 인원(11월 20일 현재)

	현재 활동 중인 인원수	지금까지의 파견 총수
현직원(경찰 등 제외)	17명	397명
시정촌직원(소방 등 제외)	9명	673명
경찰관계	30명	1,647명
소방관계	–	527명
그 외	1명	701명

출처: 기후현 재해정보집약 센터 발표자료에 의함

구축하는 것이 필요하다.

결론

이번 동일본 대지진의 경험을 바탕으로 국가와 지자체가 더욱 효과적이고 효율적인 인적 지원 시스템을 구축할 것이 요구되었다. 동일본 대지진으로 중규모·중거리에 위치하는 도도부현인 기후현으로부터 〈표 8-1〉과 같은 인적 지원을 행할 수 있었던 사실은 향후에 지진 재해가 발생할 경우에 원격 지자체로부터의 지원을 생각할 때에 일정한 기준이 된다.

그러나 기후현은 현재 실시하고 있는 행정개혁 계획 안에 인원 삭감을 실시하고 '동 규모의 지자체에서 최소 직원 수로 행정운영'을 지향하고 있으며, 다른 도도부현에서도 인원 삭감이 진행되는 경향을 볼 수 있다. 이것은 많은 일손을 필요로 하는 재해복구시 마이너스 요인이 된다. 자신의 현이 재해를 입을 경우를 비롯해 타 현의 재해 지원이 필요할 때, 미래에 이러한 어려운 환경이 닥쳐 올지 모른다는 것을 전제하여 보다 나은 정책을 입안할 것을 기대한다.

참고자료

기후현 홈페이지, 〈도호쿠지방 태평양 연안 지진에 관해〉 게재 각 자료.
http://www.pref.gifu.lg.jp/bosai-bohan/bosai/shizensaigai/shinsai/tohoku-jishin.html

〈지진재해 이후를 생각하다〉 시리즈 간행에 부치는 와세다대학 출판부의 발간사

2011년 3월 11일 발생한 동일본대지진은 거대 지진과 쓰나미에 원전사고가 복합적으로 작용하여 인간의 상상을 초월하는 피해를 초래하였으며 그 충격은 전 세계를 경악시켰습니다. 이번 재해는 사람들의 사고방식과 행동 그리고 전제가 되는 제도에 대해 되묻는 계기가 되었고, 개인·조직·사회의 모든 면에 걸친 새로운 연구와 지식창조를 요구하는 사건이기도 하였습니다.

이러한 상황 아래, 일본을 대표하는 지적 공동체인 와세다대학에서는 지체 없이 부흥지원을 위한 여러 가지 행동을 취하였고, 동일본대지진 부흥연구 거점을 설립하였습니다. 또한 자원봉사자 파견을 비롯하여 재해 관련 연구와 이를 지원하기 위한 프로젝트를 활발히 전개해 나갔습니다.

와세다대학 출판부는 지식의 창조·보급·보존이라는 대학의 사명을 실현하기 위해 힘을 보태고자, 새로운 시리즈로서 와세다대학 Booklet 〈지진재해 이후를 생각하다〉의 간행에 착수하였습니다. 이 기획은 대진재의 참극을 딛고 일어서야 할 이재민들의 생활과 그들을 지원하는 활동, 그리고 이를 지지하는 연구 속에서 새로운 지식의 탄생을 모색하여, 그것을 관찰→분석→설명→행동…의 모든 단계에서 가능한 한 실시간으로 널리 사회에 제공하고자 하는 것입니다.

지식창조에는 완성이라는 것이 없고 늘 다음 단계의 과제를 향하게 마련입니다. 그런 까닭에 이 시리즈는 잡지의 기동성과 서적의 체계성을 겸비한 경쾌한 소책자 형태를 선택하였습니다. 또, 전문가와 실무자·시민·학생 등 각 계층이 읽기 쉽도록 편집하였고, 아울러 와세다대학이 포함하는 광대한 분야에 걸맞게 여러 가지 영역의 연구·지원 활동의 성과가 수록되었습니다. 후일 재해 극복과 부흥의 이야기들이 기쁨으로 회자될 때, 우리는 이러한 업적이 축적되어 크나큰 지식으로 가득 찬 백과사전으로서 많은 사람들에게 읽히기를 기대합니다.

부디 이 프로젝트에 독자로서, 그리고 저자로서, 참가해 주시기를 부탁드립니다.

2011년 11월
와세다대학 출판부

■ 이나쓰구 히로아키稲継裕昭 (제1장, 편집)
와세다대학 정치경제학술원 교수

■ 고니시 요코小西葉子 (제2장 집필)
교토부 정책기획부 계획추진과(기획이사 겸무) 부과장

■ 와카이 노리아키若井憲彰 (제3, 8장 집필)
기후현 현토정비부 사방砂防과 주임

■ 시마무라 교헤이島村恭平 (제4장 집필)
고베시 행재정국 행정감찰부 행정경영과

■ 보쿠이 아키라朴井晃 (제5장 집필)
야오시립병원 사무국 참사

■ 아라키 가즈오荒木一男 (제6장 집필)
후쿠이현 학교교육정책과 주임

■ 오가와 요시유키小川嘉幸 (제7장 집필)
교토부 농림수산부 연구보급 브랜드과 과장

정유경

가고시마대학 박사, 정치사회학 전공.
역서로 《검증 3·11 동일본대지진》(공역, 2012), 《질투의 정치》(2012), 《일본의 술》(공역, 2011) 등이 있다.

동일본대지진과 핵재난—와세다 리포트 7

대규모 재해 극복을 위한
자치체 간 연계

초판발행 1쇄 2013년 3월 11일

편저자 이나쓰구 히로아키
옮긴이 정유경
펴낸곳 고려대학교출판부
www.kupress.com
kupress@korea.ac.kr
136-701 서울특별시 성북구 안암로 145
02-3290-4230, 4232
Fax 923-6311

찍은곳 내일기획

ISBN 978-89-7641-807-4 04330
ISBN 978-89-7641-800-5 (세트)

값 8,000원

* 잘못 만들어진 책은 바꿔드립니다.